U0102426

朱光潜 著

好书不厌百回读

朱光潜谈读书

中国文史出版社

百年中国记忆书系

总策划、主编

刘未鸣

副主编

唐柳成　张剑荆　段敏

百年中国记忆·名家谈读书丛书

主编

段敏　张春霞

责任编辑

（按姓氏笔画排序）

牛梦岳　高贝　张春霞

目录

第一章　好书不厌百回读

第四章　书卷多情，感悟与赏析

第五章　人生唯有读书好

好书不厌百回读

谈读书（一）

朋友：

中学课程很多，你自然没有许多时间去读课外书。但是你试抚心自问：你每天真抽不出一点钟或半点钟的工夫么？如果你每天能抽出半点钟，你每天至少可以读三四页，每月可以读一百页，到了一年也就可以读四五本书了。何况你在假期中每天断不会只能读三四页呢？你能否在课外读书，不是你有没有时间的问题，是你有没有决心的问题。

世间有许多人比你忙得多。许多人的学问都是在忙中做成的。美国有一位文学家、科学家和革命家富兰克林，幼时在印刷局里做小工，他的书都是在做工时抽暇读的。不必远说，你应该还记得，国父孙中山先生，难道你比那一位奔走革命席不暇暖的老人家还要忙些么？他生平无论忙到什么地步，没有一天不偷暇读几页书。你只要看他的《建国方略》和《孙文学说》，你便知道他不仅是一个政治家，而且还是一个学者。不读书讲革命，不知道"光"的所在，只是窜头乱撞，终难成功。这个道理，孙先生懂得最清楚的，所以他的学说特别重"知"。

人类学问逐天进步不止，你不努力跟着跑，便落伍退后，这固不消说。尤其要紧的是养成读书的习惯，是在学问中寻出一种兴趣。你如果没有一种正常嗜好，没有一种在闲暇时可以寄托你的心神的东西，将来离开学校去做事，说不定要被恶习惯引诱。你不看见现在许多叉麻雀抽鸦片的官僚们、绅商们，乃至于教员们，不大半由学生出身么？你慢些鄙视他们，临到你来，再看看你的成就罢！但是你如果在读书中寻出一种趣味，你将来抵抗引诱的能力比别人定要大些。这种兴趣你现在不能寻出，将来永不会寻出的。凡人都越老越麻木，你现在已比不上三五岁的小孩子那样好奇、那样兴味淋漓了。你长大一岁，你感觉兴味的锐敏力便须迟钝一分。达尔文在自传里曾经说过，他幼时颇好文学和音乐，壮时因为研究生物学，把文学和音乐都丢开了，到老来他再想拿诗歌来消遣，便寻不出趣味来了。兴味要在青年时设法培养，过了正常时节，便会萎谢。比方打网球，你在中学时喜欢打，你到老都喜欢打。假如你在中学时代错过机会，后来要发愿去学，比登天还要难十倍。养成读书习惯也是这样。

你也许说，你在学校里终日念讲义看课本不就是读书吗？讲义课本着意在平均发展基本知识，固亦不可不读。但是你如果以为念讲义看课本，便尽读书之能事，就是大错特错。第一，学校功课门类虽多，而范围究极窄狭。你的天才也许与学校所有功课都不相近，自己在课外研究，去发现自己性之所近的学问。再比方你对于某种功课不感兴趣，这也许并非由于性不相近，只是规定课本不合你的口味。你如果能自己在课外发现好书籍，你对于那种功课的兴趣也许就因此浓厚起来了。第二，念讲义看课本，免不掉若干拘束，想借此培养兴趣，颇是难事。比方有一本小说，平时自由拿来消遣，觉得多么有趣，一旦把它拿来当课本读，用预备考试的方法去读，便不免索然寡味了。兴趣要逍遥自在地不受拘束地发展，所以为培养读书兴趣起见，应该从读课外书入手。

书是读不尽的，就读尽也是无用，许多书没有一读的价值。你多读一本没有价值的书，便丧失可读一本有价值的书的时间和精力；所以你须慎加选择。你自己自然不会选择，须去就教于批评家和专门学者。我不能告诉你必读的书，我能告诉你不必读的书。许多人曾抱定宗旨不读现代出版的新书。因为许多流行的新书只是迎合一时社会心理，实在毫无价值，经过时代淘汰而巍然独存的书才有永久性，才值得读一遍两遍以至于无数遍。我不敢劝你完全不读新书，我却希望你特别注意这一点，因为现代青年颇有非新书不读的风气。别的事都可以学时髦，唯有读书做学问不能学时髦。我所指不必读的书，不是新书，是谈书的书，是值不得读第二遍的书。走进一个图书馆，你尽管看见千卷万卷的纸本子，其中真正能够称为"书"的恐怕难上十卷百卷。你应该读的只是这十卷百卷的书。在这些书中间，你不但可以得较真确的知识，而且可以于无形中吸收大学者治学的精神和方法。这些书才能撼动你的心灵，激动你的思考。其他像"文学大纲""科学大纲"以及杂志报章上的书评，实在都不能供你受用。你与其读千卷万卷的诗集，不如读一部《国风》或《古诗十九首》，你与其读千卷万卷谈希腊哲学的书籍，不如读一部柏拉图的《理想国》。

你也许要问我像我们中学生究竟应该读些什么书呢？这个问题可是不易回答。你大约还记得北平京报副刊曾征求"青年必读书十种"，结果有些人所举十种尽是几何代数，有些人所举十种尽是史记汉书。这在旁人看起来似近于滑稽，而应征的人却各抱有一番大道理。本来这种征求的本意，求以一个人的标准做一切人的标准，好像我只喜欢吃面，你就不能吃米，完全是一种错误见解。各人的天资、兴趣、环境、职业不同，你怎么能定出万应灵丹似的十种书，供天下无量数青年读之都能感觉同样趣味发生同样效力？

我为了写这封信给你，特地去调查了几个英国公共图书馆。他们的青年读物部最流行的书可以分为四类：（一）冒险小说和游记，（二）神话和寓言，（三）生物故事，（四）名人传记和爱国小说。就中代表的书籍是凡尔纳的《八十天环游地球》（Jules Verne：*Around the World in Eighty Days*）和《海底二万里》（*Twenty Thousand Leagues Under the Sea*），笛福的《鲁滨孙漂流记》（Defoe：*Robinson Crusoe*），大仲马的《三剑客》（A.Dumas：*Three Musketeers*），霍桑的《奇书》和《丹谷闲话》（Hawthorne：*Wonder Book and Tangle Wood Tales*），金斯利的《希腊英雄传》（Kingsley：*Heroes*），法布尔的《鸟兽故事》（Fabre：*Story Book of Birds and Beasts*），安徒生的《童话》（Andersen：*Fairy Tales*），骚塞的《纳尔逊传》（Southey：*Life of Nelson*），房龙的《人类故事》

（Van loon：*The Story of Mankind*）之类。这些书在国外虽流行，给中国青年读，却不十分相宜。中国学生们大半是少年老成，在中学时代就喜欢像煞有介事地谈一点学理。他们——你和我自然都在内——不仅喜欢谈谈文学，还要研究社会问题，甚至于哲学问题。这既是一种自然倾向，也就不能漠视，我个人的见解也不妨提起和你商量商量。十五六岁以后的教育宜注重发达理解，十五六岁以前的教育宜注重发达想象。所以初中的学生们宜多读想象的文字，高中的学生才应该读含有学理的文字。

　　谈到这里，我还没有答复应读何书的问题。老实说，我没有能力答复，我自己便没曾读过几本"青年必读书"，老早就读些壮年必读书。比方在中国书里，我最喜欢《国风》《庄子》《楚辞》《史记》《古诗源》《文选》中的书笺《世说新语》《陶渊明集》《李太白集》《花间集》、张惠言《词选》《红楼梦》等等。在外国书里，我最喜欢济慈（Keats）、雪莱（Shelly）、柯尔律治（Coleridge）、布朗宁（Browning）诸人的诗集，索福克勒斯（Sophocles）的七悲剧，莎士比亚的《哈姆雷特》（Shakespeare：*Hamlet*）《李尔王》（*King Lear*）和《奥瑟罗》（*Othello*），歌德的《浮士德》（Goethe：*Fasuts*），易卜生（Ibsen）的戏剧集，屠格涅夫（Turgenef）的《处女地》（*VirginSoil*）和《父与子》（*Fathers and Children*），陀思妥也夫斯基的《罪与罚》（Dostoyevsky：*Crime and Punishment*），福楼拜的《包法利夫人》（Flaubert：*Madame Bovary*），莫泊桑（Maupassant）的小说集和小泉八云（Lafcadio Hearn）关于日本的著作等等。如果我应《北平京报·副刊》的征求，也许把这些古董洋货捧上，凑成"青年必读书十种"。但是我知道这是荒谬绝伦。所以我现在不敢答复你应读何书的问题。你如果要知道，你应该去请教你所知的专门学者，请他们各就自己所学范围以内指定三两种青年可读的书。你如果请一个人替你面面俱到的设想，比方他是学文学的人，他也许明知青年必读书应含有社会问题科学常识等等，而自己又没甚把握，姑且就他所知的一两种拉来凑数，你就像问道于盲了。同时，你要知道读书好比探险，也不能全靠别人指导，你自己也须得费些功夫去搜求。我从来没有听见有人按照别人替他定的"青年必读书十种"或"世界名著百种"读下去，便成就一个学者。别人只能介绍，抉择还要靠你自己。

关于读书方法，我不能多说，只有两点须在此约略提起。第一，凡值得读的书至少须读两遍。第一遍须快读，着眼在醒豁全篇大旨与特色。第二遍须慢读，须以批评态度衡量书的内容。第二，读过一本书，须笔记纲要精彩的地方和你自己的意见。记笔记不但可以帮助你记忆，而且可以逼得你仔细，刺激你思考。记着这两点，其他琐细方法便用不着说。各人天资习惯不同，你用哪种方法收效较大，我用哪种方法收效较大，不是一概论的。你自己终究会找出你自己的方法，别人决不能给你一个方单，使你可以"依法炮制"。

你嫌这封信太冗长了罢？下次谈别的问题，我当力求简短。再会！

你的朋友　孟实

谈读书（二）

十几年前我曾经写过一篇短文谈读书，这问题实在是谈不尽，而且这些年来我的见解也有些变迁，现在再就这问题谈一回，趁便把上次谈学问有未尽的话略加补充。

学问不只是读书，而读书究竟是学问的一个重要途径。因为学问不仅是个人的事而是全人类的事，每科学问到了现在的阶段，是全人类分途努力日积月累所得到的成就，而这成就还没有淹没，就全靠有书籍记载流传下来。书籍是过去人类的精神遗产的宝库，也可以说是人类文化学术前进轨迹上的里程碑。我们就现阶段的文化学术求前进，必定根据过去人类已得的成就做出发点。如果抹煞过去人类已得的成就，我们说不定要把出发点移回到几百年前甚至几千年前，纵然能前进，也还是开倒车落伍。读书是要清算过去人类成就的总账，把几千年的人类思想经验在短促的几十年内重温一遍，把过去无数亿万人辛苦获来的知识教训集中到读者一个人身上去受用。有了这种准备，一个人总能在学问途程上作万里长征，去发现新的世界。

历史愈前进，人类的精神遗产愈丰富，书籍愈浩繁，而读书也就愈不易。书籍固然可贵，却也是一种累赘，可以变成研究学问的障碍。它至少有两大流弊。第一，书多易使读者不专精。我国古代学者因书籍难得，皓首穷年才能治一经，书虽读得少，读一部却就是一部，口诵心惟，咀嚼得烂熟，透入身心，变成一种精神的原动力，一生受用不尽。现在书籍易得，一个青年学者就可夸口曾过目万卷，"过目"的虽多，"留心"的却少，譬如饮食，不消化的东西积得愈多，愈易酿成肠胃病，许多浮浅虚骄的习气都由耳食肤受所养成。其次，书多易使读者迷方向。任何一种学问的书籍现在都可装满一图书馆，其中真正绝对不可不读的基本著作往往不过数十部甚至于数部。许多初学者贪多而不务得，在无足轻重的书籍上浪费时间与精力，就不免把基本要籍耽搁了；比如学哲学者尽管看过无数种的哲学史和哲学概论，却没有看过一种柏拉图的《对话集》，学经济学者尽管读过无数种的教科书，却没有看过亚当·斯密的《原富》①。做学问如作战，须攻坚挫锐，占住要塞。目标太多了，掩埋了坚锐所在，只东打一拳，西踏一脚，就成

① 《原富》：即《国富论》（*An Inquiry in to the Nature and Causes of the Wealth of Nations*，作者为苏格兰经济学家、哲学家亚当·斯密，此书于1776年第一次出版，《原富》是中国翻译家严复起的中译本书名，同时也是这本专著的第一个中文译本。

了"消耗战"。

读书并不在多，最重要的是选得精，读得彻底。与其读十部无关轻重的书，不如以读十部书的时间和精力去读一部真正值得读的书；与其十部书都只能泛览一遍，不如取一部书精读十遍。"好书不厌百回读，熟读深思子自知"，这两句诗值得每个读书人悬为座右铭。读书原为自己受用，多读不能算是荣誉，少读也不能算是羞耻。少读如果彻底，必能养成深思熟虑的习惯，涵泳优游，以至于变化气质；多读而不求甚解，则如驰骋十里洋场，虽珍奇满目，徒惹得心慌意乱，空手而归。世间许多人读书只为装点门面，如暴发户炫耀家私，以多为贵。这在治学方面是自欺欺人，在做人方面是趣味低劣。

读的书当分种类，一种是为获得现世界公民所必需的常识，一种是为做专门学问。为获常识起见，目前一般中学和大学初年级的课程，如果认真学习，也就很够用。所谓认真学习，熟读讲义课本并不济事，每科必须精选要籍三五种来仔细玩索一番。常识课程总共不过十数种，每种选读要籍三五种，总计应读的书也不过五十部左右。这不能算是过奢的要求。一般读书人所读过的书大半不止此数，他们不能得实益，是因为他们没有选择，而阅读时又只潦草滑过。

常识不但是现世界公民所必需，就是专门学者也不能缺少它。近代科学分野严密，治一科学问者多故步自封，以专门为借口，对其他相关学问毫不过问。这对于分工研究或许是必要，而对于淹通深造却是牺牲。宇宙本为有机体，其中事理彼此息息相关，牵其一即动其余，所以研究事理的种种学问在表面上虽可分别，在实际上却不能割开。世间绝没有一科孤立绝缘的学问。比如政治学须牵涉到历史、经济、法律、哲学、心理学以至于外交、军事等等，如果一个人对于这些相关学问未曾问津，入手就要专门习政治学，愈前进必愈感困难，如老鼠钻牛角，愈钻愈窄，寻不着出路。其他学问也大抵如此，不能通就不能专，不能博就不能约。先博学而后守约，这是治任何学问所必守的程序。我们只看学术史，凡是在某一科学问上有大成就的人，都必定于许多他科学问有深广的基础。目前我国一般青年学子动辄喜言专门，以至于许多专门学者对于极基本的学科毫无常识，这种风气也许是在国外大学做博士论文的先生们所酿成的。它影响到我们的大学课程，许多学系所设的科目"专"到不近情理，在外国大学研究院里也不一定有。这好像逼吃奶的小孩去嚼肉骨，岂不是误人子弟？

　　有些人读书，全凭自己的兴趣。今天遇到一部有趣的书就把预拟做的事丢开，用全副精力去读它；明天遇到另一部有趣的书，仍是如此办，虽然这两书在性质上毫不相关。一年之中可以时而习天文，时而研究蜜蜂，时而读莎士比亚。在旁人认为重要而自己不感兴味的书都一概置之不理。这种读法有如打游击，亦如蜜蜂采蜜。它的好处在使读书成为乐事，对于一时兴到的著作可以深入，久而久之，可以养成一种不平凡的思路与胸襟。它的坏处在使读者泛滥而无所归宿，缺乏专门研究所必需的"经院式"的系统训练，产生畸形的发展，对于某一方面知识过于重视，对于另一方面知识可以很蒙昧。我的朋友中有专门读冷僻书籍，对于正经正史从未过问的，他在文学上虽有造就，但不能算是专门学者。如果一个人有时间与精力允许他过享乐主义的生活，不把读书当作工作而只当作消遣，这种蜜蜂采蜜式的读书法原亦未尝不可采用。但是一个人如果抱有成就一种学问的志愿，他就不能不有预定计划与系统。对于他，读书不仅是追求兴趣，尤其是一种训练，一种准备。有些有趣的书他须得牺牲，也有些初看很干燥的书他必须咬定牙关去硬啃，啃久了他自然还可以啃出滋味来。

读书必须有一个中心去维持兴趣，或是科目，或是问题。以科目为中心时，就要精选那一科要籍，一部一部的从头读到尾，以求对于该科得到一个概括的了解，作进一步作高深研究的准备。读文学作品以作家为中心，读史学作品以时代为中心，也属于这一类。以问题为中心时，心中先须有一个待研究的问题，然后采关于这问题的书籍去读，用意在搜集材料和诸家对于这问题的意见，以供自己权衡去取，推求结论。重要的书仍须全看，其余的这里看一章，那里看一节，得到所要搜集的材料就可以丢手。这是一般做研究工作者所常用的方法，对于初学不相宜。不过初学者以科目为中心时，仍可约略采取以问题为中心的微意。一书作几遍看，每一遍只着重某一方面。苏东坡与王郎书曾谈到这个方法：

少年为学者，每一书皆作数次读之。当如入海百货皆有，人之精力不能并收尽取，但得其所欲求者耳。故愿学者每一次作一意求之，如欲求古今兴亡治乱圣贤作用，且只作此意求之，勿生余念；又别作一次求事迹文物之类，亦如之。他皆仿此。若学成，八面受敌，与慕涉猎者不可同日而语。

朱子尝劝他的门人采用这个方法。它是精读的一个要诀，可以养成仔细分析的习惯。举看小说为例，第一次但求故事结构，第二次但注意人物描写，第三次但求人物与故事的穿插，以至于对话、辞藻、社会背景、人生态度等都可如此逐次研求。

读书要有中心，有中心才易有系统组织。比如看史书，假定注意的中心是教育与政治的关系，则全书中所有关于这问题的史实都被这中心联系起来，自成一个系统。以后读其他书籍如经子专集之类，自然也常遇着关于政教关系的事实与理论，它们也自然归到从前看史书时所形成的那个系统了。一个人心里可以同时有许多系统中心，如一部字典有许多"部首"，每得一条新知识，就会依物以类聚的原则，汇归到它的性质相近的系统里去，就如拈新字贴进字典里去，是人旁的字都归到人部，是水旁的字都归到水部。大凡零星片断的知识，不但易忘，而且无用。每次所得的新知识必须与旧有的知识联络贯串，这就是说，必须围绕一个中心归聚到一个系统里去，才会生根，才会开花结果。

记忆力有它的限度，要把读过的书所形成的知识系统，原本枝叶都放在脑里储藏起，在事实上往往不可能。如果不能储藏，过目即忘，则读亦等于不读。我们必须于脑以外另辟储藏室，把脑所储藏不尽的都移到那里去。这种储藏室在从前是笔记，在现代是卡片。记笔记和做卡片有如植物学家采集标本，须分门别类订成目录，采得一件就归入某一门某一类，时间过久了，采集的东西虽极多，却各有班位，条理井然。这是一个极合乎科学的办法，它不但可以节省脑力，储有用的材料，供将来的需要，还可以增强思想的条理化与系统化。预备做研究工作的人对于记笔记做卡片的训练，宜于早下功夫。

人文方面几类应读的书

百川先生：

暑中我因校事赴成都，最近回校才看到中周社转来黄梅先生的信，提议要我开一个为获得现代公民常识所必读的书籍目录。这很使我为难，一则我目前极忙，没有工夫仔细斟酌；二则我所学的偏重人文方面，对于社会科学和自然科学都是外行。读书不是一件死板的事，一个方单不能施诸人人而有效。各人的环境、天资、修养和兴趣都不能一笔抹杀。一个人在读书方面想有成就，明眼人的指导固大有裨益，自己的暗中摸索有时也不可少，因为失败的教训往往大于成功的。读者既然要求一个目录，我姑且就我的能力所及，随便谈谈几类应读的书籍，不过要特别声明：这是我个人的意见，只能供参考，不敢希望每个人都依照。

第一，我以为一个人第一件应该明确的是他本国的文化演进、社会变迁以及学术思想和文艺的成就。这并不一定是出于执古守旧的动机。要前进必从一个基点出发，而一个民族已往的成就即是它前进出发的基点。知道它的长处所在和短处所在，我们才能知道哪些东西应发扬光大，哪些应弥补改革，也才能知道它在全人类文化中占何等位置，而我们自己如何对它有所贡献。我不是一个历史学者，但对于过去一切典籍，喜欢从历史的眼光去看。从前人有"六经皆史"的说法，其实不只是六经，一切典籍所载都可以当作史迹看。史是人类活动进展的轨迹，它的功用在观今鉴古，继往以开来。我赞成多读中国古典和西方古典，都是根据这个观点。每种学问都有一个渊源，知道渊源才可以溯理流派。知道渊源固不是三五部书所可了事。但是渊源又有渊源，我们先从最基本的着手，然后逐渐扩充，便不至于没有根底。

回到了解中国固有文化的问题，向来中国传统教育所着重的大政并不错。中国中心思想无疑的是儒家，而儒家渊源的渊源在《论语》《孟子》和"五经"。无论从思想还是从艺术的观点看，《论语》都是一部绝妙的书，可以终身咀嚼，学用不尽的。我从前很喜欢《世说新语》，为的是它所写的魏晋人风度和所载的隽词妙语。近来以风度语言的标准去看《论语》，觉得以《世说新语》较《论语》，真是小巫见大巫。《孟子》比较是要偏锋、露棱角，但是说理文之犀利痛快，明白晓畅，后来却没有人能赶得上。"五经"之中，流品不齐，《书经》是最古的政治史料，《易经》是最古的解释自然的企图，诗经为中国纯文学之祖，《春秋》为中国编年史之祖，《礼记》较晚出，内容颇驳杂，但是儒家思想见于此经者反比他经为多，其中如《檀弓》、《学记》、《乐记》、儒行、《礼运》、《大学》、《中庸》诸篇，妙文至理，是任何读书人不应放过的。诸子之中，老庄荀墨家最重要，次可略览《韩非子》、《列子》、淮南子及吕氏春秋。读先秦典籍不可不略通文字训诂，段玉裁的《说文解字注》最便于初学，王引之的《经传释词》颇有科学条理，亦可看。要明白中国思想演进，佛典及宋元明理学都不可忽略，可惜我对此毫无研究，不敢多舌。我只能说，在佛典中我很爱读《六祖坛经》和《楞严经》，这也许是文人积习。在理学书籍中我觉得《近思录》和《传习录》很简便。史籍最浩繁，一般人可选读前四史，全读《资治通鉴》，遇重大事件翻阅《通鉴纪事本末》，遇重大问题翻阅《三通》。治一切学问都不可不明白史的背景，可惜我们至今没有一部完善的通俗的通史，近人张荫麟、钱穆诸君所编的各有特见，但都只能算是草创。文艺方面除着《楚辞》及陶杜诸集外，一般人可从选本入手。选本甚多，选者各有偏重，难得尽满人意。梁以前作品具见于《昭明文选》，这是选学之祖，诗文兼收，为治辞章者所必读。后来选本比较适用的，文推姚姬传的《古文辞类纂》；诗推王渔洋的《古今诗选》，王壬秋的《八代诗选》，沈归愚的《古诗源》和《唐宋诗醇》，曾国藩的《十八家诗钞》；词推《花间集》，张惠言《词选》和朱疆邨的《宋词三百首》。曲读《西厢记》《琵琶记》《桃花扇》及其他数种；小说读《水浒》《红楼梦》及其他数种，对于一般人也就可知其梗概了。

在现代，一个人如果只读中国书，他的见解难免偏狭固陋，而且就是中国书也不一定能读得好。学术和其他事物一样，必以比较见优劣，必得新刺激才可产生新生命。读书人最低限度须通一个外国文，从翻译中窥外人文物思想，总难免隔靴搔痒，尤其是在现在我们的译品太少，而且大半不很可靠。

要明了一个文化，大约不外取两种程序。拿绘画来打比，或是先绘一个轮廓，然后点染枝节，由粗疏逐渐到细密；或是先累积枝节，逐渐造成一个轮廓，由日就月将而达到豁然贯通。这两种程序可以并行不悖，普通学者大半兼采这两个方法。治西方文史，为一般人说法，我主张偏重第一个方法。因为从枝节架轮廓，需要很长久的耐苦，如果枝节不够充实，所架成的轮廓也就一定不端正恰当。我们一般人对于西方文史所能花费的时间精力是有限的，想明白西方文化的轮廓，我们最好先读几部较好的历史。我们所感觉困难的是较好的历史大半是专史而不是通史。从史学观点看，韦尔斯的《世界史纲》（有中译）也许不很完善，但对于一般人却是一部好书。关于近代的，Fisher 的欧洲通史值得特别介绍。如果再求详尽精确，读者可参考 Lavisse 的通史（法文）和剑桥大学的中世纪和近代欧洲史。这都是权威著作，有很好的史籍目录可供采择。有时候小册书也很有用，比如谈古代欧洲的，像 Livingstone: Greek Genius and Its Meaning to Us；Lowes Dickenson: Greek View of Life；Warde-Fowler: City-state in Greece and Rome，都非常好。

欧洲文化，大概地说，有三个重要来源：一是希腊的，科学哲学的思想和文艺作品都是后来的模范；一是希伯来的，宗教信仰大半是它的贡献；一是条顿的，继承希腊精神而发挥为近代科学与工商业文化。在这三个成分中，希腊文化最重要也最难了解，它的内容太丰富而且它离我们也太久远。我们最好先从文艺入手。希腊人最擅长的是造型艺术，雕刻尤其精妙，图画建筑和陶器次之。读者最好择一部希腊艺术史，仔细玩味原迹的照片或图形。从这中间他可领略一些希腊人的生活风味。再进一步他就应该读荷马史诗，希腊的社会人情风俗及人生理想可于此窥见一斑，再加上几部悲剧代表作，对于希腊人的印象就更明了了。在思想方面，柏拉图的对话集最好能全读，至少也应读《理想国》，这是用对话体写的。从古到今，没有一个哲学家能像柏拉图那样面面俱到，深入浅出，用极寻常而优美的文字传极深奥的道理。要做一个循规蹈矩的哲学家，读柏拉图是最好的门径，要引起一点哲学的兴趣，训练一点哲学的头脑，读柏拉图也比读任何其他哲学家强。亚理斯多德比较干枯，但是很谨严细密，能把他的《伦理学》看一遍也很好。此外，我们可读晚出的普鲁塔克的《英雄传》。这是拿罗马伟人和希腊伟人对照的传记，可以见出那时代人物的生活和风格。罗马时代的著作无甚特创，不是专习文学哲学的人就把它完全丢开也无大妨碍。

希伯来的经典流行的只有一部《圣经》。这部书在西方的影响大概超过任何一部书之上。它分《旧约》《新约》两部分。《旧约》是犹太教的经典，大部分是犹太的历史和宗教家的训词。

《新约》记耶稣生平言行及耶稣教传播的经过。一般人对《圣经》不必全读，《旧约》中读《创世纪》《出埃及记》《约伯传》《颂诗》数篇，《新约》中读任何一个《福音》也就够了。

中世纪常被人误认为"黑暗贫乏"，其实中世纪民众艺术，如雕刻建筑图画诗歌传奇之类，是很光华灿烂的。读者可择看一部较详尽的艺术史（如 Michet 所著的），读一两部传奇（如《罗兰之歌》《亚瑟王传》之类），再加上一两部耶教大师的著作（如《圣奥古斯丁自传》之类），对于中世纪人的丰富的内心生活便可知其梗概。但丁是文艺复兴初期的大师，他的《神曲》不可不读。较软性的读物有薄伽丘的《十日谈》和塞万提斯的《堂吉诃德》。文艺复兴期的最具体的成就仍在造型艺术，读者可看 Vasari 的《艺人传》和 Beransen 的《意大利画》。

近代欧洲学术分野逐渐细密，著述也更浩繁，我们很不容易介绍几部书来代表一个时代。在思想方面，卢梭的影响最大，他的《自传》和《民约论》是了解近代欧洲的一个钥匙。正统派哲学家自然要推康德和他们的唯心派的继续人。但是他们的作品大半难读，一般读者如能去硬啃康德的《纯粹理性批判》和黑格尔的《逻辑学》固然顶好，否则看一两部较好的哲学史也可略见一斑（通行的有 Rogers，Thilly，Weber，Windelband 所著的都可用）。在文艺方面，各国都有特殊的造诣，一般读者要想面面俱到，实不可能，只能就他们所懂的文字和兴趣所偏重的去下功夫。那就成了专门学问，我们不能在这里介绍书目。我们为一般人说法，只能介绍几位登峰造极的作者，比如说，一个普通读者如能就莎士比亚的剧本，莫里哀的喜剧，歌德的诗文集，易卜生的剧本，屠格涅夫、托尔斯泰、陀思妥耶夫斯基诸人的小说集中各选读三数种，也就很可观了。

社会科学和自然科学非本文范围所及。但有几部虽为科学专著而已成古典的书籍不能不约略提及，例如达尔文的《物种源始》，亚当·斯密的《原富》，穆勒的《群己权界论》[1]，里波·詹姆斯和弗洛伊德的心理学著作，马克思的《资本论》，佛来柔的《金牛》(*Frager: Golden Bough*)，都有很广泛的读者，并不限于专门家。

本文匆匆写就，可议的地方自知甚多。但是我相信，如果读者将这寥寥数十部书仔细读过，他对于人类文化的了解不会很错误。我希望关于社会科学和自然科学的书籍另有知道清楚的人去拟一个目录。

如果你觉得这信对于读者有若干帮助，即请借贵刊披露，并以答黄梅先生。

---

[1]　《群己权界论》：即《论自由》(*On Liberty*)，作者为约翰·斯图亚特·密尔 (John Stuart Mill，又称穆勒)，此书为古典自由主义最重要的著作之一，原作1859年在英国出版。严复于1899年着手翻译，1903年由上海商务印书馆出版中译本，中文译名为《群己权界论》。

谈 学 问

　　这是一个大题目，不易谈，因为许多人对它有很大的误解，却又不能不谈。最大的误解在把学问和读书看成一件事。子弟进学校不说是"求学"而说是"读书"，学子向来叫作"读书人"，粗通外国文者在应该用"学习"（learn）或"治学"（study）等字时常用"阅读"（read）来代替。这种传统观念的错误影响到我国整个教育的倾向。各级学校大半把教育缩为知识传授，而知识传授的途径就只有读书，教员只是"教书人"。这种错误的观念如果不改正，教育和学问恐怕就没有走上正轨的希望。如果我们稍加思索，它也应该不难改正。学是学习，问是追问。世间可学习可追问的事理甚多，知识技能须学问，品格修养也还须学问；读书人须学问，农工商兵也还须学问，各行有各行的"行径"。学问是任何人对于任何事理，由不知求知，由不能求能的一套工夫。它的范围无限，人生一切活动，宇宙一切现象和真理，莫不包含在内。学问的方法甚多，人从堕地出世，没有一天不在学问。有些学问是由仿效得来的，也有些学问是由尝试、思索、体验和涵养得来的。读书不过是学问的方法之一种，它当然很重要，却并非唯一的。朱子教门徒，一再申说"读书乃学者第二事"。有许多读书人实在并非在做学问，也有许多实在做学问的人并不专靠读书，制造文字——书的要素——是一种绝大学问，而首先制造文字的人就根本无书可读，许多其他学问都可由此类推。子路的"何必读书然后为学"一句话本身并不错，孔子骂他，只是讨厌他说这话的动机在辩护让一个青年学子去做官，也并没有说它本身错。

　　一般人常埋怨现在青年对于学问没有浓厚的兴趣。就个人任教的经验说，我也有这样的观感。平心而论，这大半要归咎于我们"教书人"。把学问看成"教书""读书"一个错误的观念如果不全是我们养成的，至少我们未曾设法纠正。而且我们自己又没有好生学问，给青年学子树一个好榜样，可以激励他们的志气，提起他们的兴趣。此外，社会上一般人对于学问的性质和功用所存的误解也不无关系。近代西方学者常把纯理的学问和应用的学问分开，以为治应用的学问是有所为而为，治纯理的学问是无所为而为。他们怕学问全落到应用一条窄路上，尝设法替无所为而为的学问辩护，说它虽"无用"，却可满足人类的求知欲。这种用心很可佩服，而措辞却不甚正确。学问起于生活的需要，世间绝没有一种学问无用，不过"用"的意义有广狭之别。学得一种学问，就可以有一种技能，拿它来应用于实际事业，如学得数学几何三角就可以去算账、测量、建筑、制造机械，这是最正常的"用"字的狭义。学得一点知识技能，就混得一种资格，可以谋一个职业，解决饭碗问题，这是功利主义的"用"字的狭义。但是学问的功用并不仅如此，我们甚至可以说，学问的最大功用并不在此。心理学者研究智力，有普通智力与特殊智力的分别；古人和今人品题人物，都有通才与专才的分别。学问的功用也可以说有"通"有"专"。治数学即应用于计算数量，这是学问的专用；治数学而变成一个思想缜密、性格和谐、善于立身处世的人，这是学问的通用。学问在实际上确有这种通用。就智慧说，学问是训练思想的工具。一个真正有学问的人必定知识丰富，思想锐敏，洞达事理，处任何环境，知道把握纲要，分析条理，解决困难。就性格说，学问是道德修养的途径。苏格拉底说得好，"知识即德行。"世间许多罪恶都起于愚昧，如果真正彻底明了一件事是好的，另一件事是坏的，一个人决不会睁着眼睛向坏的方面走。中国儒家讲学问，素来全重立身行己的工夫，一个学者应该是一个圣贤，不仅如现在所谓"知识分子"。

现在所谓"知识分子"的毛病在只看到学的狭义的"用"，尤其是功利主义的"用"。学问只是一种干禄的工具。我曾听到一位教授在编成一部讲义之后，心满意足地说："一生吃着不尽了！"我又曾听到一位朋友劝导他的亲戚不让刚在中学毕业的儿子去就小事说："你这种办法简直是吃稻种！"许多升学的青年实在只为着要让稻种发生成大量谷子，预备"吃着不尽"。所以大学里"出路"最广的学系如经济系机械系之类常是拥挤不堪，而哲学系、数学系、生物学系诸"冷门"，就简直无人问津。治学问根本不是为学问本身，而是为着它的出路销场，在治学问时既是"醉翁之意不在酒"，得到出路销场后当然更是"得鱼忘筌"了。在这种情形之下的我们如何能期望青年学生对于学问有浓厚的兴趣呢？

这种对于学问功用的窄狭而错误的观念必须及早纠正。生活对于有生之伦是唯一的要务，学问是为生活。这两点本是天经地义。不过现代中国人的错误在把"生活"只看成口腹之养。"谋生活"与"谋衣食"在流行语中是同一意义。这实在是错误得可怜可笑。人有肉体，有心灵。肉体有它的生活，心灵也应有它的生活。肉体需要营养，心灵也不能"辟谷"。肉体缺乏营养，必酿成饥饿病死；心灵缺乏营养，自然也要干枯腐化。人为万物之灵，就在他有心灵或精神生活。所以测量人的成就并不在他能否谋温饱，而在他有无丰富的精神生活。一个人到了只顾衣食饱暖而对于真善美漫不感觉兴趣时，他就只能算是一种"行尸走肉"，一个民族到了只顾体肤需要而不珍视精神生活的价值时，它也就必定逐渐没落了。

学问是精神的食粮，它使我们的精神生活更加丰富。肚皮装得饱饱的，是一件乐事，心灵装得饱饱的，是一件更大的乐事。一个人在学问上如果有浓厚的兴趣，精深的造诣，他会发现万事万物各有一个妙理在内，他会发现自己的心涵蕴万象，澄明通达，时时有寄托，时时在生展，这种人的生活决不会干枯，他也决不会做出卑污下贱的事。《论语》记"颜子在陋巷，一箪食，一瓢饮，人不堪其忧，回也不改其乐"。孔子赞他"贤"，并不仅因为他能安贫，尤其因为他能乐道，换句话说，他有极丰富的精神生活。宋儒教人体会颜子所乐何在，也恰抓着紧要处，我们现在的人不但不能了解这种体会的重要，而且把它看成道学家的迂腐。这在民族文化上是一个极严重的病象，必须趁早设法医治。

中国语中"学"与"问"连在一起说，意义至为深妙，比西文中相当的译词如 learning, study, science 诸字都好得多。人生来有向上心，有求知欲，对于不知道的事物喜欢发疑问。对于一种事物产生疑问，就是对于它感觉兴趣。既有疑问，就想法解决它，几经摸索，终于得到一个答案，于是不知道的变为知道的，所谓"一旦豁然贯通"，这便是学有心得。学原来离不掉问，不会起疑问就不会有学。许多人对于一种学问不感兴趣，原因就在那种学问对于他们不成问题，没有什么逼得他们要求知道。但是学问的好处正在原来有问题的可以变成没有问题，原来没有问题的也可以变成有问题。前者是未知变成已知，后者是发现貌似已知究竟仍为未知。比如说逻辑学，一个中学生学过一年半载，看过一部普通教科书，觉得命题、推理、归纳、演绎之类都讲得妥妥帖帖，了无疑义。可是他如果进一步在逻辑学上面下一点研究工夫，便会发现他从前认为透懂的几乎没有一件不成为问题，没有一件不曾经许多学者辩论过。他如果再更进一步去探讨，他会自己发现许多有趣的问题，并且觉悟到他自己一辈子也不一定能把这些问题都解决得妥妥帖帖。逻辑学是一科比较不幼稚的学问，犹且如此，其他学问更可由此类推了。一个人对于一种学问如果肯钻进里面去，必须使有问题的变为没有问题（这便是问），疑问无穷，发现无穷，兴趣也就无穷。学问之难在此，学问之乐也就在此。一个人对于一种学问说是不感兴趣，那只能证明他不用心，不努力下功夫，没有钻进里面去。世间绝没有自身无兴趣的学问，人感觉不到兴趣，只由于人的愚昧或懒惰。

学与问相连，所以学问不只是记忆而必是思想，不只是因袭而必是创造。凡是思想都是由已知推未知，创造都是旧材料的新综合，所以思想究竟须从记忆出发，创造究竟须从因袭出发。由记忆生思想，由因袭生创造，犹如吸收食物加以消化之后变为生命的动力。食而不化固然是无用，不食而求化也还是求无中生有。向来论学问的话没有比孔子的"学而不思则罔，思而不学则殆"两句更为精深透辟。学原有"效"义，研究儿童心理学者都知道学习大半基于因袭或模仿。这里所谓"学"是偏重吸收前人已有的知识和经验。思是自己运用脑筋，一方面求所学得的能融会贯通，井然有序，一方面由疑难启发新知识与新经验。一般学子有两种通弊。一种是聪明人所常犯着的，他们过于相信自己的思考力而忽略前人的成就。其实每种学问都有长久的历史，其中每一个问题都曾经许多人思虑过、讨论过，提出过种种不同的解答，你必须明白这些经过，才可以利用前人的收获，免得绕弯子甚至于走错路。比如说生物学上的遗传问题，从前雷马克、达尔文、魏意斯曼、孟德尔诸大家已经做过许多实验，得到许多观察，用过许多思考。假如你对于他们的工作茫无所知或是一笔抹杀，只凭你自己的聪明才力来解决遗传问题，这岂不是狂妄？世间这种"思而不学"的人正甚多，他们不知道这种凭空构造的"殆"。另外一种通弊是资质较钝而肯用功的人所常犯的。他们一味读死书，古人所说的无论正确不正确，都不分皂白地接受过来，吟咏赞叹，自己毫不用思考求融会贯通，更没有一点冒险的精神，自己去求新发现，这是学而不思，孔子对于这种办法所下的评语是"罔"，意思就是说无用。

学问全是自家的事。环境好、图书设备充足、有良师益友指导启发，当然有很大的帮助。但是这些条件具备不一定能保障一个人在学问上有成就，世间也有些在学问上有成就的人并不具有这些条件。最重要的因素是个人自己的努力。学问是一件艰苦的事，许多人不能忍耐它所必经的艰苦。努力之外，第二个重要的因素是认清方向与门径。入手如果走错了路，愈努力则入迷愈深，离题愈远。比如学写字、诗文或图画，一走上庸俗恶劣的路，后来如果想把它丢开，比收覆水还更困难，习惯的力量比什么都较沉重，世上有许多人像在努力做学问，只是陷入"野狐禅"，高自期许而实荒谬绝伦，这个毛病只有良师益友可以挽救。学校教育，在我想，只有两个重要的功用：第一是启发兴趣，其次就是指点门径。现在一般学校不在这两方面努力，只尽量灌输死板的知识。这种教育对于学问不仅无裨益而且是障碍！

如何把"死"知识变"活"

我们应该把自己的知识加以有机化，这就是说，要使它像一棵花，一只鸟或是一个人，成为一种活的东西。

一种活的小东西就是一种有机体，有机体有三个大特征：

第一，有机体的全体和部分融会贯通，有共同生命流注其中，彼此息息相关，牵其一即动其余。人体是最好的实例，每一器官，如呼吸循环消化等等，都自成一系统，各系统又组合成一大系统，掌生命所借以维持的各种机能。人体的健康的发展需要各系统都健旺，某一部分有病，其余各部分都要受影响。有机体在西文叫作 organism，和"器官"（organ）与"组织"（organization）同根，我们可以说，有机体能成为有机体，就因为各器官有组织。有组织才有条理，有生命。

第二，有机体的生长是化学的化合而非物理学的混合，是由于吸收融化而非由于堆砌。把破铜烂铁塞进口袋里去，尽管塞得多，铜仍然是铜，铁仍然是铁，丝毫不变本质。食料到了肚皮里去，如果也这样不变质，就决不能产生生命所借以维持的血液。食料要成血液，必须经过消化作用。所谓"消化"就是把本来不是自己的东西变成自己的，把异体变成本体。本体因吸收融化异体而扩大起来，这就是"生长"。

第三，每个有机体都有它所特有的个性，两个有生命的东西不能完全是一样。这是由于生长的出发点（得于遗传的）不同，可吸收的滋养料（得于环境的）不同，利用遗传与环境的组织力量也不同。因为自己的组织力也是生长的一个要素，所以有机体的生长不完全是被动的而同时是主动的，不完全是因袭的而同时是创造的。每一种有生命的东西都多少是它自己的造化主。

有机体的这三大特征也就是学问的特征。

第一，学问不是学问，如果它不是一种完整的生命，用普通话来说，如果它没有"组织"，不成"系统"。

第二，学问不是学问，如果它的生长不借消化而借堆砌，不能把异体变为己体，这就是说，不能把从外面吸收来的知识纳进原有的系统里去，新来的与原有的结成一个有生命的整体。

第三，学问不是学问，如果它在你心里完全和在我心里一样，没有个性。没有个性也没有生命，原因在没有经过自己的组织和创造。

一切学问的对象都不外是事物的关系条理。关系条理本来存在事物中间，因为繁复所以显得错乱，表面所呈现的常不是实际所蕴含的。我们的蒙昧就起于置身繁复的事物中，迷于表面的错乱而不能见出底蕴，眼花手乱，不知所措。学问——无论是科学、哲学或是文艺——就在探求事物的内在的关系条理。这探求的企图不外是要回答"何"（what）、"如何"（how）、"为何"（why）三大类问题。回答"何"的问题要搜集事实和认清事实，回答"如何"的问题要由认清事实而形容事实，回答"为何"的问题要解释事实。这三种问题都解决了，事物就现出关系条理，在我们的心中就成立了一个完整的系统。比如说植物学，第一步要研究所搜集来的标本；第二步要分门别类，确定形态和发展上的特性；第三步就要解释这些特性所由来，指出它们的前因后果。第三步工夫做到了，我们对于植物学才有一个完整的观念，对于植物的事实不但能认识，而且能了解。这种认识和了解在我们的心里就像一棵花的幼芽，有它的生命，有它的个性，可以顺有机体的原则逐渐生长。以后我们发现一个新标本，就可以隶属到某一门类里去，遇到一个新现象，就可以归纳到某一条原理里去，如果已有的门类和原理不能容，也可以另辟一门类，另立一原理。这就犹如幼芽吸收养料，化异体为己体，助长它的生长。一切知识的扩充都须遵照这个程序。

　　学问的生长是有机体的生长，必须有一个种子或幼芽做出发点，这种子或幼芽好比一块磁石，与它同气类的东西自然会附丽上去。联想是记忆的基本原则，所以知识也须攀亲结友。一种新来的知识好比一位新客走进一个社会，里面熟人愈多，关系愈复杂，牵涉愈广，他的地位也就愈稳固。如果他进去之后，不能同任何人发生关系，他就变成众所同弃的人，决不能久安其位，或是尽量发挥他的能力，有所作为。比如说，我丝毫不懂化学，只记得 H_2O 化合成水一个孤零零的事实，它对于我就不能有什么意义，或是发生什么作用，就因为它不能和我所有的知识发生密切关系。孤零零的片段事实在脑里不易久住，纵使勉强把它记牢，也发生不了作用。我们日常所见所闻的事物不知其数，但是大半如云烟过眼，因为不能与心中已有的知识系统发生关系，就不能被吸收融化，成为有生命的东西存在心里。许多人不明白这道理，做学问只求强记片段的事实，不能加以系统化或有机化，这种人，在学问上永不会成功。我尝看见学英文的人埋头读字典，把字典里的单字从头记到尾，每一个字他都记得，可是没有一个字他会用。这是一种最笨重的方法。他不知道字典里零星的单字是从活的语文（话语和文章）中宰割下来的，失去了它们在活的语文中与其他字义的关系，也就失去了生命，在脑里也就不容易"活"。所以学外国文，与其记单字，不如记整句，记整句又不如记整段整篇，整句整段整篇是有生命的组织。学外国文如此，学其他一切学问也是如此。我们必须使所得的知识具有组织，有关系条理，有系统，有生命。

一个人的知识有了组织和生命，就必有个性。举一浅例来说，十个人同看一棵树，叫他们各写一文或作一画，十个人就会产生十样不同的作品。这就显得同一棵树在十人心中产生十样不同的印象。每个人所得印象各成为一种系统，一种有机体，各有它的个性。原因是各人的性情资禀学问不同，观念不同，吸收那棵树的形色情调来组织他的印象也就自然不同，正犹如两人同吃一样菜所生的效果不能完全相同是一样道理。知识必具有个性，才配说是"自己的"。假如你把一部书从头到尾如石块一样塞进脑里去，没有把它变成你自己的，你至多也只能和那部书的刻板文字或留声机片上的浪纹差不多，它不能影响你的生命，因为它在你脑里没有成为一种生命。凡是学问都不能完全是因袭的，它必须经过组织，就必须经过创造，这就是说，它必须有几分艺术性。

做学问第一件要事是把知识系统化，有机化，个性化。这种工作的程序大要有两种。姑拿绘画来打比。治一种学问就比画一幅画。画一幅画，我们可以先粗枝大叶地画一个轮廓，然后把口鼻眉目等节目一件一件地画起，画完了，轮廓自然现出。比如学历史，我们先学通史，把历史大势作一鸟瞰，然后再学断代史、政治史、经济史等专史。这是由轮廓而节目。反之，我们也可以先学断代史、政治史、经济史等等，等到这些专史都明白了，我们对于历史全体也自然可以得到一个更精确的印象。这是由节目而轮廓。一般人都以为由通而专是正当的程序，其实不能通未必能专，固是事实；不能专要想真能通，也是梦想。许多历史学者专从政治变迁着眼，对于文学哲学宗教艺术种种文化要素都很茫然，他们对于历史所得的轮廓决不能完密正确。

就事实说，在我们的学习中，这两种貌似相反的程序——由轮廓而节目，由节目而轮廓——常轮流并用。先画了轮廓，节目就不致泛滥无归宿，轮廓是纲，纲可以领目，犹如架屋竖柱，才可以上梁盖瓦。但是无节目的轮廓都不免粗疏空洞，填节目时往往会发现某一点不平衡，某一点不正确，须把它变动才能稳妥。节目填成的轮廓才是具体的明晰而正确的轮廓。做学问有如做文章，动笔时不能没有纲要，但是思想随机触动，新意思常涌现，原定的意思或露破绽，先后轻重的次第或须重新调整，到文章写成时全文所显出的纲要和原来拟定的往往有出入。文章不是机械而是自由生发的，学问也是如此。节目常在变迁，轮廓也就随之变迁，这并行的变迁就是学问的生长。到了最后，"表里精粗无不到，然后一旦豁然贯通"，学问才达到了成熟的境界。

心中已有的知识系统对于未知而相关的知识具有吸引性，通常所谓"兴趣"就是心中已有的知识萌芽遇到相关的知识而要去吸收它，和它发生联络。兴趣也可以说是"注意的方向"，我们常偏向某一方向注意，就由于那一个方向易引起兴趣，这就是说，那一方向的事物在我们的心里有至亲好友，进来时特别受欢迎，它们走的路（神经径）也是我走过的路，抵抗力较低。自己做诗的人爱看别人的诗，诗在他的脑里常活跃求同伴；做生意的人终日在打算盘，心里没有诗的种子，所以无吸收滋养的要求，对诗就毫不发生兴趣。这道理是很浅而易见的。做学问最要紧的是对于所学的东西发生兴趣，要有兴趣就必须在心里先下种子，已有的知识系统就是一种种子。但是这种种子是后天的，必须有先天的好奇心或求知欲来鼓动它，它才活跃求生展。所谓"好奇""求知"就是遇到有问题的东西，不甘蒙昧，要设法了解它。因此，已有的知识系统不能成为可生长的种子，除非它里面含着有许多问题。问题就是上文所说的"注意的方向"，或"兴趣的中心"。我们在上面曾说过，一切学问都不外要求解答"何""如何""为何"三大类问题。一种知识如果不是问题的回答就不能成为学问，问题得到回答，学问才算是"生长"了一点。我们说"知识的有机化"，其实也就是"知识的问题化"。我们做学问，一方面要使有问题的东西变为没有问题，一方面也要使好像没有问题的东西变为有问题。问题无穷，发现无穷，兴趣也就无穷。世间没有一种没有问题的学问，如果有一种学问到了真正没有问题时（这是难想象的）它就不能再生长，须枯竭以至于老死了。

这番话的用意是在说明无论学哪一科学问，心中必须悬若干问题，问题才真正是学问生长的萌芽。有了问题就有了兴趣，下功夫也就有了目的，不至于泛滥无归宿。比如说，我心中有"个性是否全由于遗传和环境两种影响？"这个问题，我无论是看生物学、心理学、史学或哲学的书籍，都时时留心替这问题搜集事实，搜集前人的学说，以备自求答案。我们看的许多零零碎碎的东西就可以借这问题联络贯串起来，成为一种系统。这只是一例，一个人同时自然可以在心中悬许多问题，问题与问题之间往往有联络贯串。

心中有了问题，往往须悬得很久，才可以找到一个答案。在设问题与得答案两起讫点之间，我们须做许多工作如看书，实地观察，做实验，思索，设假定的答案等等。我们记忆有限，不能把所得的有关的知识全装在脑子里，就必须做笔记卡片，做笔记卡片时我们就已经在做整理的工作，因为笔记卡片不是垃圾箱，把所拾得的东西混在一起装进去，它必须有问题，有条理，如同动植矿物的标本室一样。

做研究工作的人必须养成记笔记做卡片的习惯。我个人虽曾经几次试过这个方法，可是没有恒心，没有能把它养成习惯，至今还引以为憾。但是我另有一个习惯，就是常做文章。看过一部书，我喜欢就那部书做篇文章；研究一个问题，我喜欢就那问题做篇文章；心里偶然想到一点道理，也就马上把它写出。我发现这是整理知识与整理思想的最好方法。比如看一部书，自以为懂了，可是到要拿笔撮要或加批评时，就会发现对于那部书的知识还是模糊隐约，对于那部书的见解还是不甚公平正确，一提笔写，就逼得你把它看仔细一点，认清楚一点。还不仅此，我生性善忘，今天看的书明天就会杳无踪影，我就写一篇文章，加一番整理，才能把它变成自己的，也才能把它记得牢固一点。再比如思索一个问题，尽管四面八方俱到，而思想总是游离不定的，条理层次不很谨严的，等到把它写下来，才会发现原来以为说得通的话说不通，原来似乎相融洽的见解实在冲突，原来像是井井有条的思路实在还很紊乱错杂，总之，破绽百出。破绽在心里常被幻觉迷惑住了，写在纸上就瞒过自己瞒不过别人，我们必须费比较谨慎的思考与衡量，并且也必须把所有的意思加以选择、整理，安排成为一种有生命的有机体。我已养成一种习惯：知识要借写作才能明确化，思想要借写作才能谨严化，知识和思想都要借写作才能系统化、有机化。

我也是从写作的经验中才认出学问必是一种有机体。在匆忙中把这一点意思写出，不知道把这道理说清楚没有。如果初学者明了这一点意思，这对于他们也许有若干帮助。

谈作文

朋友：

我们对于许多事，自己愈不会做，愈望朋友做得好。我生平最大憾事就是对于美术和运动都一无所长。幼时薄视艺事为小技，此时亦偶发宏愿去学习，终苦于心劳力拙，怏怏然废去。所以每遇年幼好友，就劝他趁早学一种音乐，学一项运动。

其次，我极羡慕他人做得好文章。每读到一种好作品，看见自己所久想说出而说不出的话，被他人轻轻易易地说出来了，一方面固然以作者"先获我心"为快，而另一方面也不免心怀惭怍，唯其惭怍，所以每遇年幼好友，也苦口劝他练习作文，虽然明明知道人家会奚落我说："你这样起劲谈作文，你自己的文章就做得'蹩脚！'"

文章是可以练习的么？迷信天才的人自然嗤着鼻子这样问。但是在一切艺术里，天资和人力都不可偏废。古今许多第一流作者大半都经过刻苦的推敲揣摩的训练。法国福楼拜尝费三个月的工夫做成一句文章；莫泊桑尝登门请教，福楼拜叫他把十年辛苦成就的稿本付之一炬，重新起首学描实境。我们读莫泊桑那样的极自然极轻巧极流利的小说，谁想到他的文字也是费功夫做出来的呢？我近来看见两段文章，觉得是青年作者应该悬为座右铭的，写在下面给你看看：

一段是从托尔斯泰的儿子 Count Ilya Tolstoy 所做的《回想录》（*Reminiscences*）里面译出来的，这段记载托尔斯泰著《安娜·卡列尼娜》（*Anna Karenina*）修稿时的情形。他说："《安娜·卡列尼娜》初登俄报 Vyetnik 时，底页都须寄吾父亲自己校对。他起初在纸边加印刷符号如删削句读等。继而改字，继而改句，继而又大加增删，到最后，那张底页便成百孔千疮，糊涂得不可辨识。幸吾母尚能认清他的习用符号以及更改增删。她尝终夜不眠替吾父誊清改过底页。次晨，她便把他很整洁的清稿摆在桌上，预备他下来拿去付邮。吾父把这清稿又拿到书房里去看'最后一遍'，到晚间这清稿又重新涂改过，比原来那张底页要更加糊涂，吾母只得再抄一遍。他很不安地向吾母道歉。'松雅吾爱，真对不起你，我又把你誊的稿子弄糟了。我再不改了。明天一定发出去。'但是明天之后又有明天。有时甚至于延迟几礼拜或几月。他总是说，'还有一处要再看一下'，于是把稿子再拿去改过。再誊清一遍。有时稿子已发出了，吾父忽然想到还要改几个字，便打电报去吩咐报馆替他改。"

你看托尔斯泰对文字多么谨慎，多么不惮烦！此外小泉八云给张伯伦教授（Prof. Chamberlain）的信也有一段很好的自白，他说："……题目择定，我先不去运思，因为恐怕易生厌倦。我作文只是整理笔记。我不管层次，把最得意的一部分先急忙地信笔写下。写好了，便把稿子丢开，去做其他较适宜的工作。到第二天，我再把昨天所写的稿子读一遍，仔细改过，再从头至尾誊清一遍，在誊清中，新的意思自然源源而来，错误也呈现了，改正了。于是我又把它搁起，再过一天，我又修改第三遍。这一次是最重要的，结果总比原稿大有进步，可是还不能说完善。我再拿一片干净纸作最后的誊清，有时须誊两遍。经过这四五次修改以后，全篇的意思自然各归其所，而风格也就改定妥帖了。"

小泉八云以美文著名，我们读他这封信，才知道他的成功秘诀。一般人也许以为这样咬文嚼字近于迂腐。在青年心目中，这种训练尤其不合胃口。他们总以为能倚马千言不加点窜的才算好角色。这种念头不知误尽多少苍生！在艺术田地里比在道德田地里，我们尤其要讲良心，稍有苟且，便不忠实。听说印度的甘地主办一种报纸，每逢作文之先，必斋戒静坐沉思一日夜然后动笔。我们以文字骗饭吃的人们对此能不愧死么？

文章像其他艺术一样，"神而明之，存乎其人"，精微奥妙都不可言传，所可言传的全是糟粕。不过初学作文也应该认清路径，而这种路径是不难指点的。

学文如学画，学画可临帖，又可写生。在这两条路中间，写生自然较为重要。可是临帖也不可一笔勾销，笔法和意境在初学时总须从临帖中领会。从前中国文人学文大半全用临帖法。每人总须读过几百篇或几千篇名著，揣摩呻吟，至能背诵，然后执笔为文，手腕自然纯熟。欧洲文人虽亦重读书，而近代第一流作者大半由写生入手。莫泊桑初请教于福楼拜，福楼拜叫他描写一百个不同的面孔。霸若因为要描写吉卜赛野人生活，便自己去和他们同住，可是这并非说他们完全不临帖。许多第一流作者起初都经过模仿的阶段。莎士比亚起初模仿英国旧戏剧作者。布朗宁起初模仿雪莱。陀思妥也夫斯基和许多俄国小说家都模仿雨果。我以为向一般人说法，临帖和写生都不可偏废。所谓临帖在多读书。中国现当新旧交替时代，一般青年颇苦无书可读。新作品寥寥有数，而旧书又受复古反动影响，为新文学家所不乐道。其实冬烘学究之厌恶新小说和白话诗，和新文学运动者之攻击读经和念古诗文，都是偏见。文学上只有好坏的分别，没有新旧的分别。青年们读新书已成时髦，用不着再提倡，我只劝有闲工夫有好兴致的人对于旧书也不妨去读读看。

读书只是一步预备的工夫，真正学作文，还要特别注意写生。要写生，须勤做描写文和记叙文。中国国文教员们常埋怨学生们不会做议论文。我以为这并不算奇怪。中学生的理解和知识大半都很贫弱，胸中没有议论，何能做得出议论文？许多国文教员们叫学生入手就做议论文，这是没有脱去科举时代的陋习。初学做议论文是容易走入空疏俗滥的路上去。我以为初学作文应该从描写文和记叙文入手，这两种文做好了，议论文是很容易办的。

这封信只就一时见到的几点说说。如果你想对于作文方法还要多知道一点，我劝你看看夏丏尊和刘薰宇两先生合著的《文章作法》。这本书有许多很精当的实例，对于初学是很有用的。

"读书破万卷，下笔如有神"
——天才与灵感

知道格律和模仿对于创造的关系，我们就可以知道天才和人力的关系了。

生来死去的人何只恒河沙数？真正的大诗人和大艺术家是在一口气里就可以数得完的。何以同是人，有的能创造，有的不能创造呢？在一般人看，这全是由于天才的厚薄。他们以为艺术全是天才的表现，于是天才成为懒人的借口。聪明人说，我有天才，有天才何事不可为？用不着去下功夫。迟钝人说，我没有艺术的天才，就是下功夫也无益。于是艺术方面就无学问可谈了。

"天才"究竟是怎么一回事呢？

它自然有一部分得诸遗传。有许多学者常喜欢替大创造家和大发明家理家谱，说莫扎特有几代祖宗会音乐，达尔文的祖父也是生物学家，曹操一家出了几个诗人。这种证据固然有相当的价值，但是它决不能完全解释天才。同父母的兄弟贤愚往往相差很远。曹操的祖宗有什么大成就呢？曹操的后裔又有什么大成就呢？

天才自然也有一部分成于环境。假令莫扎特生在音阶简单、乐器拙陋的蒙昧民族中，也决不能做出许多复音的交响曲。"社会的遗产"是不可蔑视的。文艺批评家常喜欢说，伟大的人物都是他们的时代的骄子，艺术是时代和环境的产品。这话也不尽然。同是一个时代而成就却往往不同。英国在产生莎士比亚的时代和西班牙是一般隆盛，而当时西班牙并没有产生伟大的作者。伟大的时代不一定能产生伟大的艺术。美国的独立，法国的大革命在近代都是极重大的事件，而当时艺术却卑卑不足高论。伟大的艺术也不必有伟大的时代做背景，席勒和歌德的时代，德国还是一个没有统一的纷乱的国家。

我承认遗传和环境的影响非常重大，但是我相信它们都不能完全解释天才。在固定的遗传和环境之下，个人还有努力的余地。遗传和环境对于人只是一个机会，一种本钱，至于能否利用这个机会，能否拿这笔本钱去做出生意来，则所谓"神而明之，存乎其人"。有些人天资颇高而成就则平凡，他们好比有大本钱而没有做出大生意；也有些人天资并不特异而成就则斐然可观，他们好比拿小本钱而做出大生意。这中间的差别就在努力与不努力了。牛顿可以说是科学家中一个天才了，他常常说："天才只是长久的耐苦。"这话虽似稍嫌过火，却含有很深的真理。只有死功夫固然不尽能发明或创造，但是能发明创造者却大半是下过死功夫来的。哲学中的康德、科学中的牛顿、雕刻图画中的米开朗琪罗、音乐中的贝多芬、书法中的王羲之、诗中的杜工部，这些实例已经够证明人力的重要，又何必多举呢？

最容易显出天才的地方是灵感。我们只需就灵感研究一番，就可以见出天才的完成不可无人力了。

杜工部尝自道经验说："读书破万卷，下笔如有神。"所谓"灵感"就是杜工部所说的"神"，"读书破万卷"是功夫，"下笔如有神"是灵感。据杜工部的经验看，灵感是从功夫出来的。如果我们借心理学的帮助来分析灵感，也可以得到同样的结论。

灵感有三个特征：

一、它是突如其来的，出于作者自己意料之外的。根据灵感的作品大半来得极快。从表面看，我们寻不出预备的痕迹。作者丝毫不费心血，意象涌上心头时，他只要信笔疾书。有时作品已经创造成功了，他自己才知道无意中又成了一件作品。歌德著《少年维特之烦恼》的经过，便是如此。据他自己说，他有一天听到一位少年失恋自杀的消息，突然间仿佛见到一道光在眼前闪过，立刻就想出全书的框架。他费两个星期的工夫一口气把它写成。在复看原稿时，他自己很惊讶，没有费力就写成一本书，告诉人说："这部小册子好像是一个患睡行症者在梦中作成的。"

二、它是不由自主的，有时苦心搜索而不能得的偶然在无意之中涌上心头。希望它来时它偏不来，不希望它来时它却蓦然出现。法国音乐家柏辽兹有一次替一首诗作乐谱，全诗都谱成了，只有收尾一句（"可怜的兵士，我终于要再见法兰西！"）无法可谱。他再三思索，不能想出一段乐调来传达这句诗的情思，终于把它搁起。两年之后，他到罗马去玩，失足落水，爬起来时口里所唱的乐调，恰是两年前所再三思索而不能得的。

三、它也是突如其去的，练习作诗文的人大半都知道"败兴"的味道。"兴"也就是灵感。诗文和一切艺术一样都宜于乘兴会来时下手。兴会一来，思致自然滔滔不绝。没有兴会时写一句极平常的话倒比写什么还难。兴会来时最忌外扰。本来文思正在源源而来，外面狗叫一声，或是墨水猛然打倒了，便会把思路打断。断了之后就想尽方法也接不上来。谢无逸问潘大临近来作诗没有，潘大临回答说："秋来日日是诗思。昨日捉笔得'满城风雨近重阳'之句，忽催租人至，令人意败。辄以此一句奉寄。"这是"败兴"的最好的例子。

灵感既然是突如其来，突然而去，不由自主，那不就无法可以用人力来解释么？从前人大半以为灵感非人力，以为它是神灵的感动和启示。在灵感之中，仿佛有神灵凭附作者的躯体，暗中驱遣他的手腕，他只是坐享其成。但是从近代心理学发现潜意识活动之后，这种神秘的解释就不能成立了。

什么叫作"潜意识"呢？我们的心理活动不尽是自己所能觉到的。自己的意识所不能察觉到的心理活动就属于潜意识。意识既不能察觉到，我们何以知道它存在呢？变态心理中有许多事实可以为凭。比如说催眠，受催眠者可以谈话、做事、写文章、做数学题，但是醒过来后对于催眠状态中所说的话和所做的事往往完全不知道。此外还有许多精神病人现出"两重人格"。例如一个人乘火车在半途跌下，把原来的经验完全忘记，换过姓名在附近镇市上做了几个月的买卖。有一天他忽然醒过来，发现身边事物都是不认识的，才自疑何以走到这么一个地方。旁人告诉他说他在那里开过几个月的店，他绝对不肯相信。心理学家根据许多类似事实，断定人于意识之外又有潜意识，在潜意识中也可以运用意志、思想，受催眠者和精神病人便是如此。在通常健全心理中，意识压倒潜意识，只让它在暗中活动。在变态心理中，意识和潜意识交替来去。它们完全分裂开来，意识活动时潜意识便沉下去，潜意识涌现时，便把意识淹没。

灵感就是在潜意识中酝酿成的情思猛然涌现于意识。它好比伏兵，在未开火之前，只是鸦雀无声地准备，号令一发，它乘其不备地发动总攻击，一鼓而下敌。在没有侦探清楚的敌人（意识）看，它好比周亚夫将兵从天而至一样。这个道理我们可以拿一件浅近的事实来说明。我们在初练习写字时，天天觉得自己在进步，过几个月之后，进步就猛然停顿起来，觉得字越写越坏。但是再过些时候，自己又猛然觉得进步。进步之后又停顿，停顿之后又进步，如此辗转几次，字才写得好。学别的技艺也是如此。据心理学家的实验，在进步停顿时，你如果索性不练习，把它丢开去做旁的事，过些时候再起手来写，字仍然比停顿以前较进步。这是什么道理呢？就因为在意识中思索的东西应该让它在潜意识中酝酿一些时候才会成熟。功夫没有错用的，你自己以为劳而不获，但是你在潜意识中实在仍然于无形中收效果。所以心理学家有"夏天学溜冰，冬天学泅水"的说法。溜冰本来是在前一个冬天练习的，今年夏天你虽然是在做旁的事，没有想到溜冰，但是溜冰的筋肉技巧却恰在这个不溜冰的时节暗里培养成功。一切脑的工作也是如此。

灵感是潜意识中的工作在意识中的收获。它虽是突如其来，却不是毫无准备。法国大数学家潘嘉贲常说他的关于数学的发明大半是在街头闲逛时无意中得来的。但是我们从来没有听过有一个人向来没有在数学上用功夫，猛然在街头闲逛时发明数学上的重要原则。在罗马落水的如果不是素习音乐的柏辽兹，跳出水时也决不会随口唱出一曲乐调。他的乐调是费过两年的潜意识酝酿的。

从此我们可以知道"读书破万卷，下笔如有神"两句诗是至理名言了。不过灵感的培养正不必限于读书。人只要留心，处处都是学问。艺术家往往在他的艺术范围之外下功夫，在别种艺术之中玩索得一种意象，让它沉在潜意识里去酝酿一番，然后再用他的本行艺术的媒介把它翻译出来。吴道子生平得意的作品为洛阳天宫寺的神鬼，他在下笔之前，先请裴旻舞剑一回给他看，在剑法中得着笔意。张旭是唐朝的草书大家，他常自道经验说："始吾见公主担夫争路，而得笔法之意；后见公孙氏舞剑器，而得其神。"王羲之的书法相传是从看鹅掌拨水得来的。法国大雕刻家罗丹也说道："你问我在什么地方学来的雕刻？在深林里看树，在路上看云，在雕刻室里研究模型学来的。我在到处学，只是不在学校里。"

从这些实例看，我们可知各门艺术的意象都可触类旁通。书画家可以从剑的飞舞或鹅掌的拨动之中得到一种特殊的筋肉感觉来助笔力，可以得到一种特殊的胸襟来增进书画的神韵和气势。推广一点说，凡是艺术家都不宜只在本行小范围之内用功夫，须处处留心玩索，才有深厚的修养。鱼跃鸢飞，风起水涌，以至于一尘之微，当其接触感官时我们虽常不自觉其在心灵中可生若何影响，但是到挥毫运斤时，它们都会涌到手腕上来，在无形中驱遣它、左右它。在作品的外表上我们虽不必看出这些意象的痕迹，但是一笔一画之中都潜寓它们的神韵和气魄。这样意象的蕴蓄便是灵感的培养。它们在潜意识中好比桑叶到了蚕腹，经过一番咀嚼组织而成丝，丝虽然已不是桑叶而却是从桑叶变来的。

第二章

熟读精思，读以致用

咬文嚼字

　　郭沫若先生的剧本《屈原》里婵娟骂宋玉说："你是没有骨气的文人！"上演时他自己在台下听，嫌这话不够味，想在"没有骨气的"下面加"无耻的"三个字。一位演员提醒他把"是"改为"这"，"你这没有骨气的文人！"就够味了。他觉得这字改得很恰当，他研究这两种语法的强弱不同，以为"你是什么"只是单纯的叙述语，没有更多的意义，有时或许竟会"不是"；"你这什么"便是坚决的判断，而且附带语省略去了。根据这种见解，他把另一文里"你有革命家的风度"一句话改为"你这革命家的风度"（参见《文学创作》第四期郭沫若《札记四则》）。

　　这是炼字的好例。我们不妨借此把炼字的道理研究一番。那位演员把"是"改为"这"，确是改得好，不过郭先生如果记得《水浒》，就会明白一般民众骂人，都用"你这什么"式语法。石秀骂梁中书说："你这与奴才做奴才的奴才！"杨雄醉骂潘巧云说："你这贱人，你这淫妇！你这你这大虫口里流涎！你这你这……"一口气就骂了六个"你这"。看这些实例，"你这什么！"倒不仅是"坚决的判断"，而是带有极端憎恶的惊叹语，表现着强烈的情感。"你是什么"便只是不带情感的判断，纵有情感也不能在文字本身上见出。不过它也不一定就是"单纯的叙述语，没有更多的含义"。《红楼梦》里茗烟骂金荣说："你是个好小子，出来动一动你茗大爷！"这里"你是"含有假定语气，也带"你不是"一点讥刺的意味，如果改成"你这好小子！"神情就完全不对了。从此可知"你这"式语法并非在任何情形之下都比"你是"式语法来得更有力。其次，郭先生援例把"你有革命家的风度"改为"你这革命家的风度"，似乎改得并不很妥。一、"你这"式语法大半表示深恶痛绝，在赞美时便不适宜。二、"是"在逻辑上是连接词（copula），相当于等号；"有"的性质全不同。在"你有革命家的风度"一句中"风度"是动词的宾词；在"你这革命家的风度"中"风度"便变成主词，和"你（的）"平行根本不成一句话。

这番话不免啰唆，但是我们原在咬文嚼字，非这样锱铢必较不可。咬文嚼字有时是一个坏习惯，所以这个成语的含义通常不很好。但是在文学，无论阅读或写作，我们必须有一字不肯放松的谨严。文学借文字表现思想情感；文字上面有含糊，就显得思想还没有透彻，情感还没有凝练。咬文嚼字，在表面上像只是斟酌文字的分量，在实际上就是调整思想和情感。从来没有一句话换一个说法而意味仍完全不变。例如《史记》李广射虎一段："李广见草中石，以为虎而射之，中石没镞，视之，石也。因更复射，终不能入石矣。"这本是一段好文章，王若虚在《史记辨惑》里说它"凡多三石字"，当改为："以为虎而射之，没镞，既知其为石，因更复射，终不能入石矣。"或改为："尝见草中有虎，射之，没镞。视之，石也。"在表面上改的似乎简洁些，却实在远不如原文。"见草中石，以为虎"并非"见草中有虎"。原文"视之，石也"有发现错误而惊讶的意味。改为"既知其为石"便失去这意味。原文"终不能复入石矣"有失望而放弃得很斩截的意味，改为"终不能入"便觉索然无味。这种分别稍有文字敏感的人细心玩索一番，自会明白。

一般人根本不了解文字和思想情感的密切关系，以为更改一两个字不过是要文字顺畅些或是漂亮些。其实更动了文字，就同时更动了思想情感，内容和形式是相随而变的。姑举一个人人皆知的实例。韩愈在月夜里听见贾岛吟诗，有"鸟宿池边树，僧推月下门"两句，劝他把"推"字改成"敲"字。这段文字因缘古今传为美谈，于今人要把咬文嚼字的意思说得好听一点，都说"推敲"。古今人也都赞赏"敲"字比"推"字下得好。其实这不仅是文字上的分别，同时也是意境上的分别。"推"固然显得鲁莽一点，但是它表示孤僧步月归寺，门原来是他自己掩的，于今他"推"。他须自掩自推，足见寺里只有他孤零零的一个和尚。在这冷寂的场合，他有兴致出来步月，兴尽而返，独往独来，自在无碍，他也自有一副胸襟气度。"敲"就显得他拘礼些，也就显得寺里有人应门。他仿佛是乘月夜访友，他自己不甘寂寞，那寺里如果不是热闹场合，至少也有一些温暖的人情。比较起来，"敲"的空气没有"推"的那么冷寂。就上句"鸟宿池边树"看来，"推"似乎比"敲"要调和些。"推"可以无声，"敲"就不免剥啄有声，惊起了宿鸟，打破了岑寂，也似乎平添了搅扰。所以我很怀疑韩愈的修改是否真如古今所称赏的那么妥当。究竟哪一种意境是贾岛当时在心里玩索而要表现的，只有他自己知道。如果他想到"推"而下"敲"字，或是想到"敲"而下"推"字，我认为那是不可能的事。所以问题不在"推"字和"敲"字哪一个比较恰当，而在哪一种境界是他当时所要说的而且与全诗调和的。在文字上推敲，骨子里实在是在思想情感上"推敲"。

无论是阅读或写作，字的难处在意义的确定与控制。字有直指的意义，有联想的意义。比如说"烟"，它的直指的意义见过燃烧体冒烟的人都会明白，只是它的联想的意义迷离不易捉摸，它可联想到燃烧弹，鸦片烟榻，庙里焚香，"一川烟水"，"杨柳万条烟"，"烟光凝面暮山紫"，"蓝田日暖玉生烟"……种种境界。直指的意义载在字典，有如月轮，明显而确实；联想的意义是文字在历史过程上所累积的种种关系，有如轮外圆晕，晕外霞光，其浓淡大小随人随时随地而各各不同，变化莫测。科学的文字愈限于直指的意义就愈精确，文学的文字有时却必须顾到联想的意义，尤其是在诗方面。直指的意义易用，联想的意义却难用，因为前者是固定的，后者是游离的；前者偏于类型，后者偏于个性。既是游离的，个别的，它就不易控制，而且它可以使意蕴丰富，也可以使意思含糊甚至于支离。比如说苏东坡的《惠山烹小龙团》诗里三四两句"独携天上小团月，来试人间第二泉"，"天上小团月"是由"小龙团"茶联想起来的，如果你不知道这个关联，原文就简直不通；如果你不了解明月照着泉水和清茶泡在泉水里那一点共同的清沁肺腑的意味，也就失去原文的妙处。这两句诗的妙处就在不即不离若隐若现之中。它比用"惠山泉水泡小龙团茶"一句话来得较丰富，也来得较含混有蕴藉。难处就在于含混中显得丰富。由"独携小龙团，来试惠山泉"变成"独携天上小团月，来试人间第二泉"，这是点铁成金。文学之所以为文学就在这一点生发上面。

这是一个善用联想意义的例子。联想意义也最易误用而生流弊。联想起于习惯，习惯老是喜欢走熟路。熟路抵抗力最低，引诱性最大，一人走过，人人就都跟着走，愈走就愈平滑俗滥，没有一点新奇的意味。字被人用得太滥，也是如此。从前做诗文的人都依靠《文料触机》《幼学琼林》《事类统编》之类书籍，要找辞藻典故，都到那里去乞灵。美人都是"柳腰桃面"，"王嫱、西施"，才子都是"学富五车，才高八斗"；谈风景必是"春花秋月"，叙离别不离"柳岸灞桥"；做买卖都有"端木遗风"，到现在用铅字排印书籍还是"付梓""杀青"。像这样例子举不胜举，它们是从前人所谓"套语"，我们所谓"滥调"。一件事物发生时立即使你联想到一些套语滥调，而你也就安于套语滥调，毫不斟酌地使用它们，并且自鸣得意。这就是近代文艺心理学家们所说的"套板反应"（stock response）。一个人的心理习惯如果老是倾向"套板反应"，他就根本与文艺无缘，因为就作者说，"套板反应"和创造的动机是仇敌；就读者说，它引不起新鲜而真切的情趣。一个作者在用字用词上面离不掉"套板反应"，在运思布局上面，甚至于在整个人生态度方面也就难免如此。不过习惯力量的深广非我们意料所及，沿着习惯去做，总比新创较省力，人生来有惰性，常使我们不知不觉地一滑就滑到"套板反应"里去。你如果随便在报章杂志或是尺牍宣言里面挑一段文章来分析，你就会发现那里面的思想情感和语言大半都由"套板反应"起来的。韩愈谈他自己做古文，"惟陈言之务去"。这是一句最紧要的教训。语言跟着思想情感走，你不肯用俗滥的语言，自然也就不肯用俗滥的思想情感，你遇事就会朝深一层去想，你的文章也就真正是"作"出来的，不至落人下乘。

　　以上只是随便举几个实例，说明咬文嚼字的道理。例子举不尽，道理也说不完。我希望读者从这粗枝大叶的讨论中，可以领略运用文字所应有的谨严精神。本着这个精神，他随处留心玩索，无论是阅读或写作，就会逐渐养成创作和欣赏都必需的好习惯。他不能懒，不能粗心，不能受一时兴会所生的幻觉迷惑而轻易自满。文学是艰苦的事，只有刻苦自勉，推陈翻新，时时求思想情感与语文的精练与吻合，他才会逐渐达到艺术的完美。

作 文 与 运 思

　　作文章通常也叫作"写"文章，在西文中作家一向称"写家"，作品叫作"写品"。写须用手，故会做文章的人在中文里有时叫作"名手"，会读而不会作的人说是"眼高手低"。这种语文的习惯颇值得想一想。到底文章是"作"的还是"写"的呢？创造文学的动作是"用心"还是"用手"呢？

　　这问题实在不像它现于浮面的那么肤浅。因近代一派最占势力的美学——克罗齐派——所争辩的焦点就在此。依他们看，文艺全是心灵的活动，创造就是表现也就是直觉。这就是说，心里想出一具体境界，情趣与意象交融，情趣就已表现于那意象，而这时刻作品也就算完全成就了。至于拿笔来把心里所已想好的作品写在纸上，那并非"表现"，那只是"传达"或"记录"。表现（即创造）全在心里成就，记录则如把唱出的乐歌灌音到留声机片上去，全是物理的事实，与艺术无关。如我们把克罗齐派学说略加修正一下，承认在创造时，心里不仅想出可以表现情趣的意象而且也想出了描绘那意象的语言文字，这就是说，全部作品都有了"腹稿"，那么"写"并非"作"的一个看法大致是对的。

我提出这问题和连带的一种美学观点，因为它与作文方法有密切的关系。普通语文习惯把"写"看成"作"，认为写是"用手"，也有一个原因。一般人作文往往不先将全部想好，拈一张稿纸，提笔就写，一直写将下去。他们在写一句之前，自然也得想一番，只是想一句写一句，想一段，写一段；上句未写成时，不知下句是什么，上段未写成时，不知下段是什么；到写得无可再写时，就自然终止。这种习惯养成时，"不假思索"而任笔写下去，写得不知所云，也是难免的事。文章"不通"，大半是这样来的。这种写法很普遍，学生们在国文课堂里作文，不用这个写法的似居少数。不但一般学生如此，就是有名的职业作家替报章杂志写"连载"的稿子，往往也是用这个"急就"的办法。这一期的稿子印出来了，下一期的稿子还在未定之天。有些作家甚至连写都不写，只坐在一个沙发上随想随念，一个书记或打字员在旁边听着，随听随录，录完一个段落了就送出发表。这样做成的作品，就整个轮廓看，总难免前后欠呼应，结构很零乱。近代英美长篇小说有许多是这样做成的，所以大半没有连串的故事，也没有完整的形式。作家们甚至把"无形式"（formlessness）当作一个艺术的信条，以为艺术原来就应该如此。这恐怕是艺术的一个厄运，有生命的东西都有一定完整的形式，首尾躯干不完全或是不匀称，那便成了一种怪物，而不是艺术。

这是一个极端，另一个极端是把全部作品都在心里想好，写只是记录，像克罗齐派美学家所主张的。苏东坡记文与可画竹，说他先有"成竹在胸"，然后铺纸濡毫，一挥而就。"成竹在胸"于是成为"腹稿"的佳话。这种办法似乎是理想的，实际上很不易做到。我自己也尝试过，只有在极短的篇幅中，像做一首绝句或律诗，我还可以把全篇完全在心里想好；如篇幅长了那就很难。它有种种不方便。第一，我们的注意力和记忆力所能及的范围有一定的限度，把几千字甚至几万字的文章都一字一句地记在心里，同时注意到每字每句每段的线索关联，并且还要一直向前思索，纵假定是可能，这种繁重的工作对于心力也未免是一种不必要的损耗。其次，这也许是我个人的心理习惯，我想到一点意思，就必须把它写下来，否则那意思在心里只是游离不定。好比打仗，想出一个意思是夺取一块土地，把它写下来就像筑一座堡垒，可以把它守住，并且可以作进一步袭击的基础。第三，写自身是一个集中注意力的助力，既在写，心思就不易旁迁他涉。还不仅此，写成的字句往往可以成为思想的刺激剂，我有时本来已把一段话预先想好，可是把它写下来时，新的意思常源源而来，结果须把预定的一段话完全改过。普通所谓"由文生情"与"兴会淋漓"，大半在这种时机发现。只有在这种时机，我们才容易写出好文章。

我个人所采用的是全用腹稿和全不用腹稿两极端的一种折衷办法。在定了题目之后，我取一张纸条摆在面前，抱着那题目四方八面地想。想时全凭心理学家所谓"自由联想"，不拘大小，不问次序，想得一点意思，就用三五个字的小标题写在纸条上，如此一直想下去，一直记下去，到当时所能想到的意思都记下来了为止。这种寻思的工作做完了，我于是把杂乱无章的小标题看一眼，仔细加一番衡量，把无关重要的无须说的各点一齐丢开，把应该说的选择出来，再在其中理出一个线索和次第，另取一张纸条，顺这个线索和次第用小标题写成一个纲要。这纲要写好了，文章的轮廓已具。每小标题成为一段的总纲。于是我依次第逐段写下去。写一段之先，把那一段的话大致想好，写一句之先，也把那一句的话大致想好。这样写下去时，像上面所说的，有时有新意思涌现，我马上就修改。一段还没有写妥时，我决不把它暂时摆下，继续写下去。因此，我往往在半途废去了很多稿纸，但是一篇写完了，我无须再誊清，也无须大修改。这种折中的办法颇有好处，一则纲要先想好，文章就有层次，有条理，有轻重安排，总之，就有形式；二则每段不预先决定，任临时触机，写时可以有意到笔随之乐，文章也不至于过分板滞。许多画家作画，似亦采取这种办法。他们先画一个大轮廓，然后逐渐填枝补叶，显出色调线纹阴阳向背。预定轮廓之中，仍可有气韵生动。

寻思是作文的第一步重要工作，思有思路，思路有畅通时也有蔽塞时。大约要思路畅通，须是精力弥满，脑筋清醒，再加上风日清和，窗明几净，临时没有外扰败兴、杂念萦怀。这时候静坐凝思，新意自会像泉水涌现，一新意酿成另一新意；

如果辗转生发，写作便成为人生一件最大的乐事。一般"兴会淋漓"的文章大半都是如此做成。提笔作文时最好能选择这种境界，并且最好能制造这种境界。不过这是理想，有时这种境界不容易得到，有时虽然条件具备，文思仍然蔽塞。在蔽塞时，我们是否就应放下呢？抽象的理论姑且丢开，只就许多著名的作家的经验来看，苦思也有苦思的收获。唐人有"吟成一个字，捻断数茎须"的传说，李白讥诮杜甫说："借问近来太瘦生，总为从来作诗苦"，李长吉的母亲说"呕出心肝乃已"。福楼拜有一封信札，写他著书的艰难说："我今天弄得头昏脑晕，灰心丧气。我做了四个钟头，没有做出一句来。今天整天没有写成一行，虽然涂去了一百行。这工作真难！艺术啊，你是什么恶魔？为什么要这样咀嚼我们的心血？"但是他们的成就未始不从这种艰苦奋斗得来。元遗山与张仲杰论文诗说："文章出苦心，谁以苦心为？"大作家看重"苦心"，于此可见。就我个人所能看得到的来说，苦心从不会白费的，思路太畅时，我们信笔直书，少控制，常易流于浮滑；苦思才能剥茧抽丝，鞭辟入里，处处从深一层着想，才能沉着委婉，此其一。苦思在当时或许无所得，但是在潜意识中它的工作仍在酝酿，到成熟时可以"一旦豁然贯通"，普通所谓"灵感"大半都先经苦思的准备，到了适当时机便突然涌现，此其二。难关可以打通，平路便可驰骋自如。苦思是打破难关的努力，经过一番苦思的训练之后，手腕便逐渐娴熟，思路便不易落平凡，纵遇极难驾驭的情境也可以手挥目送，行所无事，此其三。大抵文章的畅适境界有两种，有生来即畅适者，有经过艰苦经营而后畅适者。就已成功的作品看，好像都很平易，其实这中间分别很大，入手即平易者难免肤浅，由困难中获得平易者大半深刻耐人寻味，这是铅锡与百炼精钢的分别，也是袁简斋与陶渊明的分别。王介甫所说的"看似寻常最奇崛，成如容易却艰辛"，是文章的胜境。

作文运思有如抽丝，在一团乱丝中拣取一个丝头，要把它从错杂纠纷的关系中抽出，有时一抽即出，有时须绕弯穿孔解结，没有耐心就会使紊乱的更加紊乱。运思又如射箭，目前悬有鹄的，箭朝着鹄的发，有时一发即中，也有因为瞄准不正确，用力不适中，箭落在离鹄的很远的地方，习射者须不惜努力尝试，多发总有一中。

这譬喻不但说明思路有畅通和艰涩的分别，还可说明一个意思的涌现，固然大半凭人力，也有时须碰机会。普通所谓"灵感"，虽然源于潜意识的酝酿，多少也含有机会的成分。大约文艺创作的起念不外两种。一种是本来无意要为文，适逢心中偶然有所感触，一种情境或思致，觉得值得写一写，于是援笔把它写下来。另一种是预定题目，立意要做一篇文章，于是抱着那题目想，想成熟了然后把它写下。从前人写旧诗标题常用"偶成"和"赋得"的字样，"偶成"者触兴而发，随时口占，"赋得"者定题分韵，拈得一字，就用它为韵作诗。我们可以借用这个术语，把文学作品分为"偶成"和"赋得"两类。"偶成"的作品全凭作者自己高兴，逼他写作的只有情思需要表现的一个内心冲动，不假外力。"赋得"的作品大半起于外力的催促，或是要满足一种实用的需要，如宣传、应酬、求名谋利、练习技巧之类。按理说，只有"偶成"作品才符合纯文学的理想，但是在事实上现存的文学作品大半属于"赋得"的一类，细看任何大家的诗文集就可以知道。"赋得"类也自有好文章，不但应酬唱和诗有好的，就是策论、奏疏、墓志铭之类也未可一概抹煞。一般作家在练习写作时期常是做"赋得"的工作。"赋得"是一种训练，"偶成"是一种收获。一个作家如果没有经过"赋得"的阶段，"偶成"的机会不一定有，纵有也不会多。

"赋得"所训练的不仅是技巧，尤其是思想。一般人误信文学与科学不同，无须逻辑的思考。其实文学只有逻辑的思考固然不够，没有逻辑的思考却也决不行。诗人柯尔律治在他的《文学传记》里眷念一位无名的老师，因为从这老师的教诲，他才深深地了解极放纵的诗还是有它的逻辑。我常觉得，每一个大作家必同时是他自己的严厉的批评者。所谓"批评"就要根据逻辑的思想和文学的修养。一件作品如果有毛病——无论是在命意布局或是在造句用字——仔细穷究，病源都在思想。思想不清楚的人做出来的文章决不会清楚。思想的毛病除了精神失常以外，都起于懒惰，遇着应该分析时不仔细分析，应该斟酌时不仔细斟酌，只图模糊敷衍，囫囵吞枣混将过去。练习写作第一件要事就是克服这种心理的懒惰，随时彻底认真，一字不苟，肯朝深处想，肯向难处做。如果他养成了这种谨严的思想习惯，始终不懈，他决不会做不出好的文章。

选择与安排

在作文运思时，最重要而且最艰苦的工作不在搜寻材料，而在有了材料之后，将它们加以选择与安排，这就等于说，给它们一个完整有生命的形式。材料只是生糙的钢铁，选择与安排才显出艺术的锤炼刻画。就生糙的材料说，世间可想到可说出的话在大体上都已经有从前人想过说过；然而后来人却不能因此就不去想不去说，因为每个人有他的特殊的生活情境与经验，所想所说的虽大体上仍是那样的话，而想与说的方式却各不相同。变迁了形式，就变迁了内容。所以他所想所说尽管在表面上是老生常谈，而实际上却可以是一种新鲜的作品，如果选择与安排给了它一个新的形式，新的生命。"袅袅兮秋风，洞庭波兮木叶下"，在大体上和"菡萏香销翠叶残，西风愁起绿波间"表现同样的情致，而各有各的佳妙处，所以我们不能说后者对于前者是重复或是抄袭。莎士比亚写过夏洛克以后，许多作家接着写过同样典型的守财奴（莫里哀的阿尔巴贡和巴尔扎克的葛朗台是著例），也还是一样入情入理。材料尽管大致相同，每个作家有他的不同的选择与安排，这就是说，有他的独到的艺术手腕，所以仍可以有他的特殊的艺术成就。

最好的文章，像英国小说家斯威夫特所说的，须用"最好的字句在最好的层次"。找最好的字句要靠选择，找最好的层次要靠安排。其实这两桩工作在人生各方面都很重要，立身处世到处都用得着，一切成功和失败的枢纽都在此。在战争中我常注意用兵，觉得它和作文的诀窍完全相同。善将兵的人都知道兵在精不在多。精兵一人可以抵得许多人用，疲癃残疾的和没有训练、没有纪律的兵愈多愈不易调动，反而成为累赘或障碍。一篇文章中每一个意思或字句就是一个兵，你在调用之前，须加一番检阅，不能作战的，须一律淘汰，只留下精锐，让他们各站各的岗位，各发挥各的效能。排定岗位就是摆阵势，在文章上叫作"布局"。在调兵布阵时，步、骑、炮、工、辎须有联络照顾，将、校、尉、士、卒须按部就班，全战线的中坚与侧翼，前锋与后备，尤须有条不紊。虽是精锐，如果摆布不周密，纪律不严明，那也就成为乌合之众，打不来胜仗。文章的布局也就是一种阵势，每一段就是一个队伍，摆在最得力的地位才可以发生最大的效用。

文章的通病总不外两种，不知选择和不知安排。第一步是选择。斯蒂文森说：文学是"裁剪的艺术"。裁剪就是选择的消极方面。有选择就必有排弃，有割爱。在兴酣采烈时，我们往往觉得自己所想到的意思样样都好，尤其是费过苦心得来的，要把它一笔勾销，似未免可惜。所以割爱是大难事，它需要客观的冷静，尤其需要谨严的自我批评。不知选择大半由于思想的懒惰和虚荣心所生的错觉。遇到一个题目来，不肯朝深一层想，只浮光掠影地凑合一些实在是肤浅陈腐而自以为新奇的意思，就把它们和盘托出。我常看大学生的论文，把一个题目所有的话都一五一十地说出来，每一点都约略提及，可是没有一点说得透彻，甚至前后重复或自相矛盾。如果有几个人同做一个题目，说的话和那话说出来的形式都大半彼此相同，看起来只觉得"天下老鸦一般黑"。这种文章如何能说服读者或感动读者？这里我们可以再就用兵打比譬，用兵制胜的要诀在占领要塞，击破主力。要塞既下，主力既破，其余一切就望风披靡，不攻自下。古人所以有"射人先射马，擒贼先擒王"的说法。如果虚耗兵力于无战略性的地点，等到自己的实力消耗尽了，敌人的要塞和主力还屹然未动，那还能希望打什么胜仗？做文章不能切中要害，错误正与此相同。在艺术和在自然一样，最有效的方式常是最经济的方式，浪费不仅是亏损而且也是伤害。与其用有限的力量于十件事上而不能把任何一件事做得好，不如以同样的力量集中在一件事上，把它做得斩钉截铁。做文章也是如此。世间没有说得完的话，你想把它说完，只见得你愚蠢；你没有理由可说人人都说的话，除非你比旁人说得好，而这却不是把所有的话都说完所能办到的。每篇文章必有一个主旨，你须把着重点完全摆在这主旨上，在这上面鞭辟入里，烘染尽致，使你所写的事理情态成一个世界，突出于其他一切世界之上，像浮雕突出于石面一样。读者看到，马上就可以得到一个强有力的印象，不由得他不受说服和感动。这就是选择，这就是攻坚破锐。

我们最好拿戏剧、小说来说明选择的道理。戏剧和小说都描写人和事。人和事的错综关系向来极繁复，一个人和许多人有因缘，一件事和许多事有联络，如果把这种关系辗转追溯下去，可以推演到无穷。一部戏剧或小说只在这无穷的人事关系中割出一个片段来，使它成为一个独立自主的世界，许多在其他方面虽有关系而在所写的一方面无大关系的事事物物，都须斩断撇开。我们在谈劫生辰纲的梁山泊好汉，生辰纲所要送到的那个豪贵场合也许值得描写，而我们却不能去管。谁不想知道哈姆雷特在威登堡的留学生活，但是我们现在只谈他的家庭悲剧，时间和空间的限制都不许我们搬到威登堡去看一看。再就划定的小范围来说，一部小说或戏剧须取一个主要角色或主要故事做中心，其余的人物故事穿插，须能烘托这主角的性格或理清这主要故事的线索，适可而止，多插一个人或一件事就显得臃肿繁芜。再就一个角色或一个故事的细节来说，那是数不尽的，你必须有选择，而选择某一个细节，必须有它典型性，选了它其余无数细节就都可不言而喻。悭吝人到处悭吝，吴敬梓在《儒林外史》里写严监生只挑选他临死时看见油灯里有两茎灯芯不闭眼一事。《红楼梦》对于妙玉着笔墨最少，而她那一副既冷僻而又不忘情的心理却令我们一见不忘。刘姥姥吃过的茶杯她叫人掷去，却将自己用的绿玉斗斟茶给宝玉；宝玉做寿，众姊妹闹得欢天喜地，她一人枯坐参禅，却暗地递一张粉红笺的贺帖。寥寥数笔，把一个性格，一种情境，写得活灵活现。在这些地方多加玩索，我们就可悟出选择的道理。

选择之外，第二件要事就是安排，就是摆阵势。兵家有所谓"常山蛇阵"，它的特点是"击首则尾应，击尾则首应，击腹则首尾俱应"。亚理斯多德在《诗学》里论戏剧结构说它要完整，于是替"完整"一词下了一个貌似平凡而实精深的定义："我所谓完整是指一件事物有头，有中段，有尾。头无须有任何事物在前面笼盖着，而后面却必须有事物承接着。中段要前面既有事物笼盖着，后面又有事物承接着。尾须有事物在前面笼盖着，却不须有事物在后面承接着。"这与"常山蛇阵"的定义其实是一样。用近代语言来说，一个艺术品必须为完整的有机体，必须是一件有生命的东西。有生命的东西第一须有头有尾有中段，第二是头尾和中段各在必然的地位，第三是有一股生气贯注于全体，某一部分受影响，其余各部分不能麻木不仁。一个好的阵形应如此，一篇好的文章布局也应如此。一段话如果丢去仍于全文无害，那段话就是赘疣；一段话如果搬动位置仍于全文无害，那篇文章的布局就欠斟酌。布局愈松懈，文章的活力就愈薄弱。

从前中国文人讲文章义法，常把布局当作呆板的形式来谈，例如全篇局势须有起承转合，脉络须有起伏呼应，声调须有抑扬顿挫，命意须有正反侧，如作字画，有阴阳相背。这些话固然也有它们的道理，不过它们是由分析作品得来的，离开作品而空谈义法，就不免等于纸上谈兵。我们想懂得布局的诀窍，最好是自己分析完美的作品；同时，自己在写作时，多费苦心衡量斟酌。最好的分析材料是西方戏剧杰作，因为它们的结构通常都极严密。习作戏剧也是学布局的最好方法，因为戏剧须把动作表现于有限时间与有限空间之中，如果起伏呼应不紧凑，就不能集中观众的兴趣，产生紧张的情绪。我国史部要籍如《左传》《史记》之类在布局上大半也特别讲究，值得细心体会。一篇完美的作品，如果细细分析，在结构上必具备下面的两个要件：

第一是层次清楚。文学像德国学者莱辛所说的，因为用在时间上承续的语文为媒介，是沿着一条线绵延下去。如果同时有许多事态线索，我们不能把它们同时摆在一个平面上，如同图画上许多事物平列并存；我们必须把它们在时间上分先后，说完一点，再接着说另一点，如此生发下去。这许多要说的话，谁说在先，谁说在后，须有一个层次。层次清楚，才有上文所说的头尾和中段。文章起头最难，因为起点是选定出发点，以后层出不穷的意思都由这出发点顺次生发出来，如幼芽生发出根干枝叶。文章有生发才能成为完整的有机体。所谓"生发"是上文意思生发下文意思，上文有所生发，下文才有所承接。文章的"不通"有多种，最厉害的是上气不接下气，上段上句的意思没有交代清楚就搁起，下段下句的意思没有伏根就突然出现。顺着意思的自然生发，脉络必有衔接，不致有脱节断气的毛病，而且意思可以融贯，不致有前后矛盾的毛病。

打自己耳光，是文章最大的弱点。章实斋在韩退之《送孟东野序》里挑出过一个很好的例。上文说"凡物不得其平则鸣"，下文接着说"伊尹鸣商，周公鸣周"，伊尹、周公并非不得其平。这是自相矛盾，下文意思不是从上文意思很逻辑地生发出来。意思互相生发，就能互相呼应，也就能以类相聚，不相杂乱。杂乱有两种：一是应该在前一段说的话遗漏着不说，到后来一段不很相称的地方勉强插进去；一是在上文已说过的话到下文再重复说一遍。这些毛病的根由都在思想疏懈。思想如果谨严，条理自然缜密。

第二是轻重分明。文章不仅要分层次，尤其要分轻重。轻重犹如图画的阴阳光影，一则可以避免单调，起抑扬顿挫之致；二则轻重相形，重者愈显得重，可以产生较强烈的效果。一部戏剧或小说的人物和故事如果不分宾主，群龙无首，必定显得零乱芜杂。一篇说理文如果有五六层意思都平铺并重，它一定平滑无力，不能说服读者。艺术的特征是完整，完与整是相因的，整一才能完美。在许多意思并存时，想产生整一的印象，它们必须轻重分明。文章无论长短，一篇须有一篇的主旨，一段须有一段的主旨。主旨是纲，由主旨生发出来的意思是目。纲必须能领目，目必须附丽于纲，尊卑就序，然后全体自能整一。"譬如北辰居其所而众星拱之"，一篇文章的主旨应该有这种气象，众星也要分大小远近。主旨是着重点，有如照相投影的焦点，其余所有意思都附在周围，渐远渐淡。在文章中显出轻重通常不外两种办法：第一是在层次上显出。同是一个意思，摆的地位不同，所生的效果也就不同，不过我们不能指定某一地位是天然的着重点。起头有时可以成为着重点，因为它笼盖全篇，对读者可以产生"先入为主"的效果；收尾通常不能不着重，虎头蛇尾是文章的大忌讳，作家往往一层深一层地掘下去，不断地引起读者的好奇心，使他不能不读到终了，到终了主旨才见分晓，故事才告结束，谜语才露谜底。中段承上启下，也可以成为着重点，戏剧的顶点大半落在中段，可以为证。一个地位能否成为着重点，全看作者渲染烘托的技巧如何，我们不能定出法则，但是可以从分析名著（尤其是叙事文）中探得几分消息。其次轻重可以在篇幅分量上显出。就普遍情形说，意思重要，篇幅应占多；意思不重要，篇幅应占少。这不仅是为着题旨醒豁，也是要在比例匀称上显出一点波澜节奏，如同图画上的阴阳。轻重倒置在任何艺术作品中都是毛病。不过这也不能一概而论，名手立论或叙事，往往在四面渲染烘托，到了主旨所在，有如画龙点睛反而轻描淡写地掠过去，不多着笔墨。

从上面的话看来，我们可以知道文章有一定的理，没有一定的法。所以我们只略谈原理，不像一般文法修辞书籍，在义法上多加剖析。"大匠能诲人以规矩，不能使人巧。"知道文章作法，不一定就做出好文章。艺术的基本原则是寓变化于整齐，整齐易说，变化则全靠心灵的妙运，这是所谓"神而明之，存乎其人"了。

谈文学选本

文学作品是读不尽的！人生有限而近代生活又极繁忙，所以对于爱好文学的人们，我们不必要求过奢，不妨容许他们取一点捷径。让每个人都接近一点文学，总比叫大多数人因书籍太多而索性不读，较胜一筹。

不过文学教育是一种精神上的享受，而不是一种知识的贩卖。比如喝茶，茶的好味道一定要喝才能知道。喝起来，每个人有每个人的滋味。每个人自己所尝到的滋味才最亲切、最真实。读一千部茶经或茶史也抵不上吸一口真正的好茶。读文学也是如此，人所读的尽管为量极少，必须真正是文学作品，而不是关于文学的"道听途说"，如文学史、文学大纲、戏剧原理、小说作法之类书籍。与其搜寻许多学术权威著作去辨明五言诗和七言诗，或是词与曲的关系和分别，不如学会真正爱好一首诗或一首词。因为这个道理，没有多少时间可读书而却爱好文学的人们，应该丢下文学史或文学大纲之类书籍，去找几部轻便而不太简陋的选本来细心玩味。在选本里读者还可以和作者对面，可以和他发生亲切的契合，尝到他的作品的特殊滋味。

在读选本之前，我们须明白选本的功用和缺陷。编一部选本是一种学问，也是一种艺术。顾名思义，它是一种选择。有选择就要有排弃，这就可显示选者对于文学的好恶或趣味。这好恶或趣味虽说是个人的，而最后不免溯源到时代的风气，选某一时代文学作品就无异于对那时代文学加以批评，也就无异于替它写一部历史，同时，这也无异于选者替自己写一部精神生活的自传，叙述他自己与所选所弃的作品曾经发生过的姻缘。一部好选本应该能反映一种特殊的趣味，代表一个特殊的倾向。

因为如此，一个好选本还可以造成一种新风气，划出一个新时代。在中国，《昭明文选》《玉台新咏》《花间集》，王渔洋的《古诗选》，姚惜抱的《古文辞类纂》以及张惠言的《词选》，都曾经发生这样的功用。在西方，专就英国来说，十八世纪波塞主教（Bishop Percy）所选的《古英诗遗迹》是浪漫运动的一个重要的成因。冉塞（Allen Rainsay）的《茶桌杂抄》激动了彭斯（Bunns）和其他苏格兰诗人用苏格兰土语写诗。现代英国诗有回到多恩（Donne）及"哲理派"的倾向，而开这个风气的是一个选本，即谷里尔生教授（Crierson）的《十七世纪哲理派诗选》。

初学文学者对着浩如烟海的典籍，不免觉得如置身五里雾中，昏迷不知去向。其实真正好的作家并不多，而真正好的作家的真正好的作品也往往寥寥有数。为文学训练起见，泛读不如精读，精读必须精选。最大的词人如苏东坡，集里有许多随便写成不可为训的词，最大的诗人如英国华兹华斯，集里中年以后的许多作品大半为"才尽"之作。我们读他们的全集所得的印象远不如从精选本所得到的那样完美。有些诗人如贾长江、姜白石诸人终身在写诗，而现在所流传的他们的诗集都不过薄薄的一本，可是里面篇篇精粹，我颇疑心他们自己曾经严格地删选过。如果每个作家都像他们肯"割爱"，那就无劳后人去选。不幸得很，许多大作家都有敝帚自珍的毛病，让很坏的作品摆在集里，掩盖了真正好作品的光焰。本来在文学训练中，读坏作品有时也很有益，因为好坏在相形之下才易见出。不过就一般读者说，从许多坏作品中抉择少数好作品，不但时间不允许，能力也绝不够。文学上披沙拣金的工作应该让修养深厚的学者去做。这种工作的结果就是选本。它的最大的功用在供一般人能以最少的时间和精力，得到一国文学最精华的部分所能给的乐趣。

编选本既能披沙拣金，所以选本不但能为读者开方便之门，对于作者也有整理和宣扬的效果。选某一作家的诗文，就好比替一个美人梳妆打扮，让她以最好的面目出现于世。一个诗人获得听众，有时全靠选本做媒介，一般中国读者知道陶谢李杜苏黄，大半靠几种通俗选本。这种了解当然是不完全的，甚至于是不正确的，但是究竟比毫不了解为好。选本对于不甚知名的作家的功劳尤其大。许多诗人一生只作过几首好诗，如果不借助于选本，就早已湮没无闻。欧洲最古的选本是《希腊诗选》，里面包含一千余年的（从公元前五世纪到公元六世纪止）希腊文短诗。有许多诗人借这部选本以一两首短诗甚至于一两句隽语而永垂不朽。在中国也有许多诗词专集的作者借《文选》《玉台新咏》《花间集》之类选本而流传到现在。一个选本可以说是文学上的博物院或古物陈列所。

选本都不免反映选者的个人好恶以及当时的风气，所以公允只是一个理想，事实上都难免有所偏向。有偏向就有缺陷。比如英诗最通俗的选本《英诗金库》的选者生在维多利亚后时代，和当时诗人丁尼生是密友，他的选本就不免囿于维多利亚时代的不太高尚的文学趣味，对于划时代的诗人如多恩（Donne）、布莱克（Blake）诸人竟一诗不选。王荆公的《唐百家诗选》，把一般人所公认的大家如李杜诸人一律放弃，而入选作者的诗也往往不是代表作。明朝有许多唐诗选本也只是代表何李钟袁那一般人的粗疏或肤浅的趣味。从这些事实看，专靠选本也有很大的危险，那就是依傍一家之言，以一斑揣想全豹。很少有选本能把所选的作家的真正面目揭出来。一般选家都难免有些像印象派画家，从某一个角度看出某一面相，加以过分地渲染。好作品往往被遗弃，坏作品往往得滥竽。

一般只知信任选本的读者不免被人牵着鼻子走，不能行使独立自由的判断。所以读选本虽是走捷径，终只能是初学入门时的一种方便。从选本中对某作家发生兴趣以后，必须进一步读全集。一般选本只是一种货样间，看得合适，你就应走进货仓里去自行抉择。

　　每个研究文学者对于所读的作家都应自作一个选本，这当然不必编印成书，只要有一个目录就行。学问如果常在进展，趣味会愈趋纯正。今年所私定的选目与去年的不同，前后比较，见出个人趣味的变迁，往往很有意味。同时，你可以拿自己的选目和他人的选本参观互较，好比同旁人闲谈游历某一胜境的印象，如果彼此所见相同，你会增加你的自信，否则，你也会发生愉快的惊讶，对于自己的好恶加一番反省，这是文学批评的一种有益的训练。

美学的最低限度的必读书籍

有好些年轻的朋友们因为我喜欢美学，常来问我"美学是怎么一回事？怎样学？应该读哪些书？"平时回答他们的话不免散漫不得要领。现在《读书周刊》来征稿，就趁这个机会为初学美学的人拟一个简要的课程。

对于任何学问，如果不是真正地感觉到兴趣，最好把它暂时丢开，等到兴趣来了再说。对于一种学问感觉到兴趣，原因不外两种。一种是它和学者的职业有关系，学了它就有实用，例如儿童教师特别觉到儿童心理学的趣味。另一种是它虽没有直接的实用，它的问题却易引起好奇心，我们要穷究它，好比小孩子要钻进迷径里去寻出路，只因为这事本身有趣。

美学也是如此。在外行看，它比任何学问都较枯燥，所以如果你没有感觉到它的趣味，你最好莫去学它。但是我相信：如果你对于任何事物能感到若干兴趣——尤其是对于文学或其他艺术——你终必有一天会要思量到美学上的问题，比如说：

在感觉到一件事物有趣（这其实就是欣赏）时，我们心理状况何如？你说一件事物美，我说它不美，究竟什么才算是美？它有没有客观的标准？作诗文或是画画，内容重要，还是形式重要？文学和艺术对于人生究竟有什么关系？它们应该忠实地模仿自然，如写实派所主张的？还是要掺杂主观的理想的成分，如理想派所主张的？你思量到这些问题时，你便已走到美学的领域里了。

如果你允许，我不妨稍说个人的经验，从前我决没有想到我有一天要走到美学的路上去。我进过四五个大学，学过许多不相干的功课，解剖过鲨鱼，制过染色切片，用过熏烟鼓和电气反应表测验心理反应，读过建筑史，学过符号名学，可是我从来没有上过一次美学课。我原来的兴趣中心第一是文学，其次是心理学，第三是哲学。因为喜欢文学，我被逼到研究批评的标准和艺术与人生、艺术与自然、内容与形式、语文与思想，种种问题；因为喜欢心理学，我被逼到研究想象与情感的关系、创造与欣赏的心理活动以及趣味上的个别的差异；因为喜欢哲学，我被逼到研究康德、黑格尔和克罗齐诸人讨论美学的书籍，这么一来，美学成为我所喜欢的几种学问的联络线索。我于是由于文学心理学和哲学有关的美学问题走到美学自身的貌似不切实用的问题如"什么叫作美？""什么叫作艺术？"之类。

我不敢说凡是学美学的人都要沿这个路线走，但是我相信，如果对于文学艺术心理学哲学诸科没有兴趣，对于美学不但感觉不到兴趣，而且也缺乏研究美学所应有的基础。

我说这番话的用意，是在劝一部分人不要学美学。其次我要劝对于文学、艺术、心理学、哲学有研究的人们应该进一步学美学。哲学家和心理学家们也许用不着劝，因为哲学重要的一部分是知识论，要明白知识论，不能不研究创造和欣赏所根据的直觉；心理学的职务在研究一切心理现象，美感经验是心理现象中最有趣的一部分。我所要劝告的尤其是从事于文艺批评的人们。他们不能不研究美学，因为他们所说的是价值，而美学则为关于文艺的价值论。如果你不明白艺术的本质，你就不应该说这件作品是艺术，那件作品不是艺术：如果你没有决定什么样才是美，你就不应该说这幅画或是这首诗比那幅画或是那首诗美。此间自然也有许多不研究美学而批评文艺的人们，但是那犹如水手说天文，看护说医药，全凭粗疏的经验，没有严密的有系统的学理做根据。严格地说，文艺批评应该就是应用美学。

假定学者对于文学和艺术感觉到理论上的兴趣，并且对于心理学和哲学有坚固的基础，他要研究美学，入门应该读哪些书籍呢？

每种学问都有权威的原著，同时也有几部最好的通俗的课本。现在一般教育偏重通俗课本，这种教育最易开浅薄不求甚解的风气。不过为初学起见，通俗课本也不可少，它们的好处在面面俱到，坏处在没有一面说得彻底。初学者对于所学科目首先应该看到它各方面的问题，从一两部通俗课本入手，这是捷径，知道它的大概了，然后多读原著。美学的通俗课本极多，但是大半是捕风捉影，我所知道的只有两部书最便初学：

1.Vernon Lee：*The Beautiful*。

2.Langfield：*The Aesthetic Attitude*。

法文中的 Chalaye：*L'art et la beaute*。

（1）书已很老，但是写得浅显有趣，尤其是关于谈"移情作用"的一部分，作者自具特见。（2）为美国的一种通俗课本。各方的问题都谈到，对于近代各家学说也略有介绍，它的好处简洁明了，此外法文中的 Chalaye：*L'art et la beaute*，分论美学原理与艺术各论，也是一部比较完善的课本。

略知美学大概以后，作进一步研究，便须认清派别门径。粗略地说，美学原来是哲学的一部分，在近代已渐自成一种独立科学。依历史的次序，应该先研究哲学家对于美学的见解；但是这部分比较难，比较枯燥，初学者最好把哲学的美学研究放在后面，先着重科学的美学研究。先从客观的事实和具体的问题入手，然后建设原理，在方法上也比较稳妥。就美学为科学而论，它和心理学的关系最密切。近代科学的美学家大半同时是心理学家。这方面的书有（甲）泛论各问题的，也有（乙）专论某问题的。

（甲）类书不必多读，下列四部书可以代表梗概：

3.Santayana：*The Sense of Beauty*。

4.Puffer：*The Psychology of Beauty*。

5.Delacroix：*Psychologie de i'art*。

6.Munsterberg：*Principles of Art Education*。

（乙）类书甚多。最重要的是关于"移情作用"的。这方面的书以德国学者 Lipps 所著的最为重要。他的书如 *Raumaesthetik*，

Aesthetische Einfublung 都未见英译本，但是他的学说在：

7.Vernon Lee and Thomson：*Beauty and Ugliness* 的节译里可见大概。

与 Lipps 同时而意见大致相似的有 K.Groos，他的书对于艺术起源和游戏的关系尤其透辟：

8.K.Groos：*The Play of Animals*。

9.K.Groos：*The Play of Men*。

关于创造与想象的书以下列二书为最好：

10.Ribot：*Essai Sur I'imagination Creatrice*。

11.Paunham：*Psychologie de I'invention*。

此外有下列二书亦可供参考：

12.Downey：*Creative Imagination*。

13.Richards：*Coleridge on Imagination*。

前书稿嫌破碎支离，但所引事实与实验结果颇有价值。后书则偏重浪漫时代关于诗的想象一个重要的学说。

创造与想象和隐意识的关系，弗洛伊德说得最详。他的书多，现在介绍他自己的一部，和两部应用他的学说于美学的书：

14.Freud：*The Psychology of Dreams*。

15.Prescott：*The Poetic Mind*。

16.Parker：*The Analysis of Art*。

近代心理学派美学家颇注意思想与语文的关系以及传达和价值两个问题。这方面有下列二书可读：

17.Ogden，Richards and Wood：*Foundation of Aesthetics*。

18.Richards：*Principles of Literary Criticism*。

在中文里李安宅的《美学》大半根据这两部书，也可供参考。

从 Fechner 以来，美学家颇注重实验。此项材料甚多，大半数见于英美各国心理学杂志。如果想知道大概，可读：

19.Valentine：*Psychology of Beauty*。

以及其他的参考书籍目录。我自己在《大公报·艺术副刊》发表的《近代实验美学》三篇（将附在拙著《文艺心理学》里出版）也可供参考。

对于科学的美学打好基础以后，我们可以再进一步研究几部权威的哲学的美学名著。哲学的美学派别也很多，但是最重要的一派是德国唯心派哲学所酿成的，通常叫作形式派美学。它的开山祖是康德，发扬光大者有席勒、叔本华、黑格尔、尼采诸人，集大成者为现代意大利美学家克罗齐，现在列举他们的代表作如下：

20.Kant：*Critigue of judgment*（Meredith 译本）。

参看 Basch：*L'esthetique de Kant*。

21.Schiller：*Letters on Aesthetic Education*。

22.Schopenhauer：*The World as will and Idea, Part Ⅱ*。

23.Nietzche：*The Birth of Tragedy*。

24.Hegel：*The Philosophy of Art*（Osmaston 译本）。

参看 Stace：*The Philosophy of Hegel*。

25.Croce：*Aesthetic*。

Croce：*The Essence of Aesthetic*。

参看 Widon Carr：*The Philosophy of Croce*。

以上五书是研究美学者的必读之书。文艺批评家根据形式派美学所发挥的理论以：

26.Clive Bell：*Art* 一书为最雄辩，最易引起兴趣。

此外重要著作尚多，恐非初学者所能遍读，最好用下列选本：

27.Carritt：*The Philosophies of Beauty*。

此书选康德以前的美学名著述略，康德以后的名著较详。我没有列入托尔斯泰的《艺术论》。他的学说大要在本书所选译的几节中可以见出。

读哲学的美学名著时最好同时参看一部美学史和一两种批评各家学说的著作：

28.Bosanguet：*The History of Aesthetics*。

29.Carritt：*The Theory of Beauty*。

如果兴趣偏于文学批评者则下列一书为最好：

30.Scott-James：*The Making of Literature*。

以上三十部书为美学的最低限度的必读书籍。此外还有许多名著未列入，或是因为它们并不如一般人所称赞的那样重要，或是因为读过上列诸书的学者不用介绍自知去寻找的。美学的坏书甚多。我相信初学者就上列诸书下功夫，把其他书籍一齐暂时丢开，不至于遭重大的损失，或是走上错路。

谈晦涩

　　我个人对于诗的显晦问题，已经写过几篇文章了，实无须再来饶舌。现在新诗社邀我参加这次讨论，我姑且很简赅地总束鄙见，并对于从前写的文章略加补充。

　　首先要正名。"晦涩"两个字加在诗传达上究竟是一个污点。诗是一种以语言文字为传达媒介的艺术。传达的必要起于诗人心中有话不能不说，要把自己所感到的说出来让旁人也能感到。它的社会性是不能抹煞的。一个真正的诗人没有不要求最高度的完美。所谓"完美"就是内容与形式欣合无间，所说的恰是所感的。所以一首好诗在诗人自己的心中大概没有是晦涩的。如果一首诗对于诗人自己和对于读者都一样是晦涩，那只有两种可能，不是作者有意遮饰所传达的东西很平凡，就是他力不从心，传达的技巧幼稚。在事实上现在有些新诗不免犯这两种毛病。我们对于技巧幼稚的还可原谅，对于"以艰深文浅陋"的应该深恶痛嫉，因为这种"沐猴而冠"的伎俩起于智识上的欺诈，让真正的新诗遭了许多不白之冤。我们不能把"晦涩"悬为诗的一种理想。

我们现在丢开坏诗不谈，单谈真正是诗的作品。我以为与其说明白与晦涩，不如说易懂与难懂。晦涩的诗无可辩护，而难懂的诗却有理由存在。我在《大公报》文艺栏发表的《心理上个别的差异与诗的欣赏》一文里说过：

> 凡是好诗对于能懂得的人大半是明白清楚的。这里"能懂得"三个字最吃紧。懂得的程度随人而异。好诗有时不能叫一切人懂得，对于不懂得的人就是不明白清楚。所以离开读者的了解程度而言，明白清楚对于评诗不是一个绝对的标准。

我着重"懂"字，用意是把问题从诗的本身移到诗与读者的关系上去。就诗的本身说，我已经说过，它应该是可懂的而不是晦涩的；就诗与读者的关系说，诗的可懂程度随读者的资禀、训练、趣味等而有个别的差异。"晦涩"两个字也常被人用来形容难懂的好诗，作为一种谩骂。我在《大公报》那篇文章里对于个别的差异已详加分剖，无用复述；现在只说一般人所骂为"晦涩"的有时是难懂的好诗，以及它难懂的缘故。

我们姑且把诗人所要说的思想和情调叫作意境，把他所说出来的叫作语言。这两成分本是密切相关的，不能分剖。不过为说话便利起见，我们不妨把它们分开来说。诗的难懂在语言亦在意境。中国人向有"言近旨远"的说法。在言近旨远时，语言的易懂不能保障意境的易懂，陶渊明的诗可以为例。但是"旨远"有时可以"言近"，亦有时不可以"言近"。意境难，语言也往往因之而难，李长吉和李义山比元稹、白居易难懂，是同时在意境和语言两方面见出的。

语言可分义的组织和音的组织两点来说。前者属于文法，后者属于音韵学。义的组织大半取决于文法的惯例。这在每国语言里都根深蒂固，如何想，如何说，如何写，都因习惯成为自然。诗人在大体上都得接受这个习惯，纵然在选字配字两方面每人有每人的个性，总不至于把文法的基础完全放弃。布朗宁和韩退之式的佶屈聱牙终不能成为了解他们的诗的障碍。所以诗在语言方面的难懂，起于义的组织者非常微细。纵然偶有困难，那也是读者可用努力征服的。

音的组织可就不然。这是情调思致所伴的生理变化的微妙痕迹。诗是情感的语言，而情感的变化最直接的表现是声音节奏。这是诗的命脉。读一首好诗，如果不能把它的声音节奏的微妙起伏抓住，那根本就是没有领略到它的意味。不幸得很，诗的这个最重要的成分却也是最难的成分。大多数人对于声音的反应都非常迟钝。心理学家对于不能辨别红绿青黄的人有"色盲（colour blind）"一个名词可用，我想他们也应该造"音聋"一个名词，这是很需要的。我们大部分人多少都是"音聋"。这并非说对于一切诗都聋，只是对于某种音无感觉力。比如英国批评家约翰逊博士只喜欢听"联韵"诗（heroic couplet）

而不能欣赏弥尔顿的"无韵五节格"（blank verse）便是"音聋"的好例。"音聋"有起于先天的，有起于种族差别的，也有起于习惯与修养的。中国人读外国诗，或是英国人读法国诗，无论是修养如何深厚，在声音上总有一层隔阂。读惯旧诗的人一读诗就期待五七言的音的模型，对于本有音乐性的新诗总觉得不顺口不顺耳。这只是就粗浅地说。如说得更严密一点，每个诗人甚至于他的每一首诗，因为是一种特殊个性与特殊情趣的表现，都有他的特殊的声音节奏。这是自然流露，不必出诸有意造作，所以诗人自己也往往不能加以分析说明，甚至于有些诗人因没有意识到音乐性的存在而根本否认它的存在。诗的最难懂的——一般人所谓"晦涩"的——一部分就是它的声音节奏。现在一般谈诗的清楚与晦涩的人们根本就不提这一点，他们仿佛以为只要语言意义明白清楚了，诗也一定是明白清楚的。这似乎是没有认清问题的症结所在。

在这一切中最难懂的是声音节奏，新诗除这一层之外，又另有一个特殊的难关，就是意境。诗是创造，诗的世界是根据个人当时当境的观感，在现实的基础上新加整理组织的世界。这种组织和日常习惯所接触的现象组织（即通常所谓现实世界）往往相悬殊。第一是诗有所选择，所给的事物价值不一定依习惯的标准；第二是选择以后的配合，诗在事物中所见到的关系条理与一般人所惯见的关系条理也不尽相符。诗人的意境难易即起于这两层悬殊的大小。一般易懂的诗所用的选择配合大半是人所习见的。选择配合的方法愈不习见，愈使人难懂。依我个人的经验来说，新诗使我觉得难懂，倒不在语言的晦涩，而在联想的离奇。想既可联，必有联的线索，有线索即有踪可寻，不至于难懂。难懂的原因是诗人在起甲与丁联想时，其中所经过的乙与丙的联锁线也许只存在于潜意识中，也许他认为无揭出的必要而索性把他们省略去，在我们习惯由甲到乙，由乙到丙，再由丙到丁的联想方式的人们，骤然看见由甲直接跳到丁，就未免觉得它离奇"晦涩"了。诗的新鲜往往就在这种联想的突然性，而同时这种突然性又基于必然性。这个道理牵涉到想象以及"譬喻语"诸问题，非本文所能详论。使联想有突然性而同时又有必然性，这是诗人所要走的难关；见到它的突然性而同时又见它的必然性，这是读者所要走的难关。诗两种难关都非常微妙，差之毫厘，便谬以千里。诚实是诗人的责任，努力求领悟是读者的责任。读者费极大努力而发现所得不偿所失，咎在诗人；以习惯的陈腐的联想方法去衡量诗人，不努力求了解而徒责诗人晦涩不可解，咎在读者。为新诗的前途设想，新诗人和新诗的读者都要有一番反省，要问"晦涩"的错处究竟落在谁身上。让我重复地说一句：诚实是诗人的责任，努力求领悟是读者的责任！

第三章

源头活水，读书知味

谈书评

　　谈到究竟，文艺方面最重要的东西还是作品。一个人在文艺方面最重要的修养不是记得一些干枯的史实和空洞的理论，而是对于好作品能热烈地爱好，对于低劣作品能彻底地厌恶。能够教学生们懂得什么才是一首好诗或是一篇好小说，能够使他们培养成对于文学的兴趣和热情，那才是一位好的文学教师；能够使一般读者懂得什么才是一首好诗或是一篇好小说，能够使他们培养成对于文学的兴趣和热情，那才是一位好的批评家。真正的批评对象永远是作品，真正的好的批评家永远是书评家，真正的批评的成就永远是对于作品的兴趣和热情的养成。

　　书评家的职务是很卑恭的。他好比游览名胜风景的向导，引游人注意到一些有趣的林园泉石寨堡。不过这种比拟究竟有些不恰当。一个旅行向导对于他所指点的风景不一定是他自己发现出来的，尤其不一定自己感觉到它们有趣。他可以读一部旅行指南，记好一套刻板的解释，遇到有钱的主顾就把话匣子打开，把放过几千次的唱片再放一遍。书评家的职务却没有这么简单。他没有理由向旁人说话，除非他所指点的是他自己的发现而且是他自己的爱或憎的对象。书评艺术不发达即由于此。在事实上，一个人如果不以书评为职业，就很难有工夫去天天写书评；而书评却不如旅行向导可以成为一种职业，书评所需要的公平、自由、新鲜、超脱诸美德都是与职业不相容的。

常见的书评不外两种，一种是宣传，一种是反宣传。所谓"宣传"者有书店稿费或私人友谊做背景，作品本身价值是第二层事，头一层要推广它的销路，在这种书籍的生存战争中，它不能不有人替它"吹"一下。所谓"反宣传"者有仇恨妒忌种种心理做背景，甲与乙如不同派，凡甲有所作，乙必须闭着眼睛乱骂一顿，以为不把对方打倒，自己就不易抬头"称霸"。书评失去它的信用，就因为有这两种不肖之徒如劣马害群。书评变成贩夫叫卖或是泼妇闹街，这不但是书评末运，也是文艺的末运。

书是读不尽的，自然也评不尽。一个批评家应该是一个探险家，为着发现肥沃的新陆，不惜备尝艰辛险阻，穿过一些荒原沙漠冰海；为着发现好书，他不能不读数量超过好书千百倍的坏书。每个人都应该读些坏书，不然，他不能真正地懂得好书的好处。不过在每个时代，每个国家里坏书都"俯拾即是"，用不着一个专门家去把它指点出来。与其浪耗精力去攻击一千部坏书，不如多介绍一部好书。没有看见过小山的人固然不知道大山的伟大；但是你如果引人看过喜马拉雅山，他决不会再相信泰山是天下最高峰。好书有被埋没的可能，而坏书却无永远存在之理，把好书指点出来，读者自然能见出坏书的坏。

攻击唾骂在批评上固然有它的破坏的功用，它究竟是容易流于意气之争，酿成创作与批评中不应有的仇恨，给读者一场空热闹，而且一个作品的最有意义的批评往往不是一篇说是说非的论文，而是题材相仿佛的另一个作品。如果你不满意一部书或是一篇文章，且别费气力去唾骂它，自己去写一部比它较好的作品出来，至少，指点出一部比它较好的作品出来！一部书在没有比它再好的书出来以前，尽管是不圆满，仍旧有它的功用，有它的生存权。

批评的态度要公平，这是老生常谈，不过也容易引起误解。一个人只能在他的学识修养范围之内说公平话。对于甲是公平话，对于乙往往是偏见。孔夫子只见过泰山，便说"登泰山而小天下"，不能算是不公平，至少是就他的学识范围而言。凡是有意义的话都应该是诚实的话，凡是诚实话都是站在说话者自己特殊立场扪心自问所说的话。人人都说荷马或莎士比亚伟大，而我们扪心自问，并不能见出他们的伟大。我跟人说他们伟大么？这是一般人所谓"公平"。我说我并不觉得他们伟大么？这是我个人学识修养范围之内的"公平"，而一般人所谓"偏见"。批评家所要的"公平"究竟是哪一种呢？"司法式"批评家说是前一种，印象派批评家说是后一种。前一派人永远是朝"稳路"走，可是也永远是自封在旧窠臼里，很难发现打破传统的新作品。后一派人永远是流露"偏见"，可是也永远是说良心话，永远能宽容别人和我自己异趣。这两条路都任人随便走，而我觉得最有趣的是第二条路，虽然我知道它不是一条"稳路"。

法朗士说得好："每个人都摆脱不开他自己，这是我们最大的厄运。"这种厄运是不可免的，所以一般人所嚷的"客观的标准""普遍的价值"等终不免是欺人之谈。你提笔来写一篇书评时，你的唯一的理由是你对于那部书有你的特殊的见解。这种见解只要是由你心坎里流露出来的，只要是诚实，虽然是偏，甚至于是离奇，对于作者与读者总是新鲜有趣的。书评是一种艺术，像一切其他艺术一样，它的作者不但有权利，而且有义务，把自己摆进里面去；它应该是主观的，这就是说，它应该有独到见解。叶公超先生在本刊所发表的《论书评》一文里仿佛说过，书评是读者与作者的见解和趣味的较量。这是一句有见地的话。见解和趣味有不同，才有较量的可能，而这种较量才有意义、有价值。

天赋不同，修养不同，文艺的趣味也因而不同。心理学家所研究的"个别的差异"是创作家批评家和读者所应该同样地认清而牢记的。文艺界有许多无谓的论战和顽固的成见都起于根本不了解人性中有所谓"个别的差异"。我自己这样感觉，旁人如果不是这样感觉，那就是他们荒谬，活该打倒！这是许多固执成见者的逻辑。如果要建立书评艺术，这种逻辑必须放弃。

　　欣赏一首诗就是再造一首诗；欣赏一部书，如果那部书有文艺的价值，也应该是在心里再造一部书。一篇好的书评也理应是这种"再造"的结果。我特别着重这一点，因为它有关于书评的接受。无论是作者或是读者，对于一篇有价值的书评都只能当作一篇诚实的主观的印象记看待，容许它有个性，有特见，甚至于有偏见。一个书评家如果想把自己的话当作"权威"去压服别人，去范围别人的趣味；一个读者如果把一篇书评当作"权威"恭顺地任它范围自己的趣味；或是一个创作家如果希望别人对于自己的著作的见解一定和自己的意见相同，那么，他们都是一丘之貉，都应该冠上一个共同的形容词——愚蠢！

　　如果莎士比亚再活在世间，如果他肯费功夫把所有讨论、解释和批评他的作品文章仔细读一遍，他一定会惊讶失笑，发现许多读者比他自己聪明，能在他的作品中发现许多他自己所梦想不到的哲学、艺术技巧的意识以及许多美点和丑点。但是他也一定会觉得这些文章有趣，一律地加以大度宽容。懂得这个道理，我们就应该明了：刘西渭①先生有权利用他的特殊的看法去看《鱼目集》，刘西渭先生没有了解他的心事；而我们一

_____

① 刘西渭：近代著名作家、戏剧家李健吾笔名。自20世纪30年代中期起，李健吾以刘西渭的笔名发表文学评论和戏剧评论，文学评论有《咀华集》和《咀华二集》等。

般读者哩，尽管各人都自信能了解《鱼目集》，爱好它或是嫌恶它，但是终于是第二个以至于第几个的刘西渭先生，彼此各不相谋。世界有这许多分歧差异，所以它无限，所以它有趣；每篇书评和每部文艺作品一样，都是这"无限"的某一片面的摄影。

谈书牍

语文的功用在传情达意，传达的方式不外口说与笔写两种。文字未产生以前，一切都靠对面交谈；有了文字，声借形留下可行远传久的痕迹，这就叫做"书"。"书"字在古训中有"舒""如"两义，"舒"是舒达心意，"如"是言恰如心。书以记言，言为心声，所以书就是笔谈，作者借这个媒介向不能对面的远方人或未来人倾衷曲。就这个意义说，一切著作都是作者致读者的信，现在所谓"信"古人通叫做"书"，可见著书与通信在基本原则上是一致的。

不过一般的书籍和信札有一个重要的分别：书籍是写给一般读者群，作者与读者不必有私人的关系；信札是专为某一人或一群人看的，作者与读者通常都有某种私人的关系，或是亲友，或是师徒主仆。这种私人的关系带给了信札一个特色，它显出作者与读者在情感态度上的分寸，亲切或是疏泛，爱慕或是怨恨。写信与著书不同：著书能使读者"如闻其语，如见其人"，就算能事已尽；写信则不仅要表现作者与读者私人契合的程度。书可泛说，甚至眼光可以不注在读者；信就必须"切己"，心目中时时想着读信人，一封见不出私人情感的信就是一封不必写的信。

在西方，凡是私人中间的文字传达一律叫做"信"（letters）。在中国，它随作者身份与内容性质而有种种名称。上行言事者叫做"奏议"，"奏议""上书""章表"或"禀""呈"，下行言事者叫做"诏令"或"谕旨"，平辈通闻者叫做"书""启""笺""牍"，等等。上行下行者虽有私人的关系，大半是公事文章，有时近于律令与策论，可以略而不谈。本文所称"书牍"大致采取曾国藩《经史百家杂钞》的分类。不过"书"与"牍"实在还有分别，"书"是很正式而且很郑重的写作，有时是长篇大论，言政讲学，像叔向《诒子产书》，司马迁《报任安书》以及韩愈《与孟尚书书》之类；"牍"是纯粹的私人随便道款曲的文字，不发大议论，不谈国家大事，有如对面谈心或说家常话，这种信在西方通常冠上"亲切的"（intimate）或"推心置腹的"（confidential）之类形容词。《昭明文选》把"书"与"笺"分列，"笺"就是"牍"，古人写信用木简，"笺""牍""简""札"都是同义字。用木简就不能不"简"短，简短也是这类信札的一个特色。本文意在谈小品文，所以从前所谓"书"的一类也略而不谈，只谈随便写来的简短的亲切的那一类书札。

这类书札本非著述，在著述家看，它们未免琐屑不足道，所以通常不把它们采入史传或选集。时代愈久远，这类材料愈不易搜寻。这是很可惜的一件事，因为古人的文章特别以简朴见长，最宜于书牍。统观中国书牍演变，约可分为五个时期，它们的分水界在魏晋、盛唐、北宋以及晚明。魏晋以前，著录的书牍多为吉光片羽，言简意赅而风味隽永。《文心雕龙·书记》篇引秦绕朝赠晋士会以策：

> 子无谓秦无人，吾谋适不用也。

如果"策"字依刘彦和解作书简，这就是短信的一个古例。这两句话希望晋人不要小看秦人，伤叹秦君无知见，不行自己的计谋，预料秦要受晋的欺侮，满腹牢骚都发泄在这一声愤慨中。《史记》载项羽要烹汉高祖的父亲，汉高祖回答说：

> 吾与项羽俱北面受命怀王曰，约为兄弟。吾翁即尔翁，必欲烹而翁，则幸分我一杯羹。

寥寥数语把两人性格完全托出。项羽粗暴鲁莽，出此下策；汉高祖临危不乱，他的话带有打官腔、轻蔑、狠毒、果决、幽默种种意味在内。汉朝皇帝多善于辞令，文帝与赵佗书是人所熟知的，看他多么慈祥，坦白，委婉，藏锋不露！马援退休，光武给他一封短信说：

卿归田里，曷不令妻子从？将军老矣，夜卧谁为搔背痒也？

关切之中寓调笑，一代风云人物，退到田舍中请老妻搔背，也颇令人起滑稽之感。

中国文章风格素重堂皇典雅，看起来如踩高跷行路，高则高矣，无奈站在人行路之上另一个平面上，与日常生活隔着一层。两汉文章虽"淹博无惭于古"，却还有像王褒的《僮约》那一类呶呶道家常琐屑的文章，这种较平易近人的风格较宜于便笺小简，我们在汉人书牍中还可以看到这种风格。姑举两例。一是人所熟知的杨恽《报孙会宗书》：

臣之得罪已三年矣。田家作苦，岁时伏腊，烹羊炮羔，斗酒自劳。家本秦也，能为秦声；妇赵女也，雅善鼓瑟；奴婢歌者数人，仰天拊缶而呼乌乌。

一幅家庭行乐图，一腔罪臣的委曲，都跃现目前。另一是冯衍与妇弟任武达书。冯衍妻悍而妒。疑夫通婢，不免泼辣打骂。他写信给她的弟弟诉苦，中间有这句话：

惟一婢，武达所见，头无钗珥，面无脂泽，形骸不蔽，手足抵土。（妇）不原其穷，不揆其情，跳梁大叫，呼若入冥。贩糖之妾，不忍其态。

丑婢与泼妇的相貌神情也写得淋漓尽致。这种写实的风格可惜一挫于六朝绮丽，再挫于唐宋高古，没有健旺的发展。

魏晋书牍已开始染着辞赋骈俪的风气，看到昭明所选的书笺，我们就觉得已进到另一世界。这风气始于建安七子一直推演到齐梁。不过在这新时代的初叶在曹孟德、诸葛武侯、王右军诸人书牍中，我们还可以看到汉人的简隽。在曹氏父子中我最佩服老瞒，不论诗歌或书牍，都显得英气勃勃，不是当时雕章琢句的文人们所可望尘。且看下列数例：

> 今幼主微弱，制于奸臣，未有昌邑亡国之衅而一旦改易，天下其孰安之。诸君北面，我自西向！
>
> ——《答袁绍书》
>
> 近者奉辞伐罪，旌麾南指，刘琮束手。今治水军八十万众，方与将军会猎于吴。
>
> ——《遗孙权书》
>
> 赤壁之役，值有疾病，孤烧船自退，横使周瑜虚获此名！
>
> ——《又遗孙权书》

"诸君北面，我自西向"，何等斩钉截铁！"方与将军会猎于吴"何等悠闲幽默，咄咄逼人！"孤烧船自退"，何等自欺欺人！"奸雄"与"老瞒"于此见之。不过此公于霸气中自有一副柔情侠骨，读者无妨检阅他的遗嘱和与荀彧悼郭嘉书，去看看这位奸雄性格的可爱的一方面。

诸葛公在危难中受重任，忠贞体国，具见于出师二表，其他教令书牍，大半论事论人，操心危，虑患笃，处处见出孤臣孽子的谨慎周密，固不期以文字见长。姑举三例以见一斑：

> 前后所作斧，都不可用……彼主者无意，宜收治之。非小事也。若临敌，败人军事矣。
>
> ——《作斧教》
>
> 张飞虽实武人，敬慕足下。主公方今收合文武以定大事。足下虽天素高亮，宜稍稍降意也。
>
> ——《与刘巴书》
>
> 臣家成都有桑八百株，薄田十五顷。子孙衣食自有余饶。臣身在外，别无调度；随时衣食，悉仰于官，不别治生，以长尺寸。臣死之日，不使内有余帛，外有盈财，以负陛下也。
>
> ——《临终遗表》

从他的书牍中我们所见到的孔明是一位小心翼翼的人，决不如传说中那位穿八卦衣摇鹅毛扇的那样萧闲自在。

右军善书，所以他的书札寸纸只字都被后人珍视，保存的比较多。现存右军诸帖有许多是零碎不完全的，单就每一帖看，固然各具风味；但是要明了他的整个的人格，非把全部书帖摆在一起看不可。中国书牍圣手古今只有两人，前有王

右军，后有苏东坡，两人胸襟气度也颇有相似处。右军是魏晋
人物的一个典型的代表。后人对于魏晋人物的看法多侧重"清
谈""旷达"一方面，其实这只是一方面，而且不是庐山真面目，
看右军书帖便可以知道，他写给殷浩、谢安、谢万诸人的长
信，讨论国家大事，品题人物，解说处世做人的道理，都有大
臣的老成谋国，醇儒的立己立人的风度。比如他诫谢万的书：

> 以君迈往不屑之韵而俯同群辟，诚难为意也。然所谓
> 通识，正自当随事行藏，乃为远耳。愿君每与士之下者
> 同，则尽善矣。食不二味，居不重席，此复何有，而古人
> 以为美谈。济否所由，实在积小以致高大，君其存之。

这算得"清谈"，又算得"旷达"么？（关于此点可参看"断
酒帖""憎运帖""群凶帖"等）。再看他谈到家庭婚丧的一些信：

> 吾有七儿一女，皆同生，婚娶已毕，惟一小者尚未婚
> 耳。过此一婚，便得至彼。今内外孙有十六人，足慰目
> 前。足下情至委曲，故具示。
>
> ——《十七帖》之一
>
> 延期官奴小女并得暴疾，遂至不救，愍痛心，奈何！
> 吾以西夕，至情所寄，惟在此等，以禁慰余年。何意旬日
> 之中，二孙夭命。日夕左右，事在心目，痛之缠心，无复
> 一至于此，可复如何！临纸咽塞。

像这类的话，帖中不知凡几。右军自是至性深情人，不容以"旷达"二字书之。我寻遍右军诸帖，没有一语可见旷达，他有闲情逸致，常爱在人生崇高幽美方面流连玩索，却是事实。他寄信给在蜀的朋友，详询汉画可否摹取，盐井火井是否真有，严君平司马相如扬子云有无后人，并且表示愿登汶岭峨眉一游，说"得果此缘，一段奇事"。另一帖向人索取青李来禽樱桃的种子，"吾喜种果，今在田里，惟以此为事"。此外有约人围棋、采菊、登山诸帖，都可以见出右军对人生许多方面意致都很浓。我们把右军帖全部一看，可以对他的为人得到一个很清楚的印象，而这印象是和一般人所想象到的魏晋人物相差很远。

子桓子建兄弟与吴质陈琳诸人来往书札，已开六朝绮丽的风气，到齐梁更甚。当时写信如写字绘画已自成一种艺术，写信者都有意在这上面做文章，仿佛叫收信人不仅知道信的意思，还要把它当作一件珍贵的作品留存，随时可以取出赏玩。爱这类"美"文的读者们可以问津于《昭明文选》或《六朝文絜》，这里只略举数例，以见风气的转移：

> 每念昔日南皮之游，诚不可忘。既妙思六经，逍遥百氏，弹棋间设，终以六博，高谈娱心，哀筝顺耳，驰骋北场，旅食南馆，浮甘瓜于清泉，沈朱李于寒水……
>
> ——曹丕《与吴质书》

暮春三月，江南草长，杂花生树，群莺乱飞，见故国之旗鼓，感平生于畴日，抚弦登陴，岂不怆恨！

——邱迟《与陈伯之书》

　　山川之美，古来共谈。高峰入云，清流见底。两岸石壁，五色交辉。青林翠竹，四时俱备。晓雾将歇，猿鸟乱鸣；夕日欲颓，沉鳞竞跃。

——陶弘景《答谢中书书》

　　人非新市，何处寻家；别异邯郸，那应知路？想镜中看影，当不含啼；栏外将花，居然俱笑。分杯帐里，却扇床前，故是不思，何时能忆？

——庾信《为萧恁与妇书》

　　这些书牍都极力注意调声设色，绚烂满目，有如蜀锦吴绣。在艺术中它们颇像晚唐诗，南宋词与明清院书，极精工之能事。不过就个人的趣味来说，我还是喜欢家常随便的一类。除掉王右军以外，六朝书牍属于这一类的也颇不少。比如下列数例：

　　江表惟长沙有好米，何得比新城粳稻耶？上风吹之，五里闻香。

——曹丕《与朝臣论禾稻书》

　　少加孤露，母兄见骄，不涉经学。性复疏懒，筋驽肉缓。头面常一月十五日不洗，不大闷痒，不能沐也。每常小便而忍不起，令胞中略转乃起耳。

——嵇康《绝交书》

汝旦夕之费，自给为难。今遣此力，助汝薪水之劳。此亦人子也，可善遇之。

——陶潜《戒子书》

仁寿殿前有大方铜镜，高五尺余，广三尺三寸，立著庭中，向之便写人形体了了，亦怪也。

——陆机《与弟云书》

这类自然流露的文字，易见作者平生性格与一时兴致，实在比前面所引的那些花枝招展的文章较富于生气。

唐朝古文运动是对于六朝绮丽的一种反动。就一方面说，文章由骈而散，由繁富而古朴，理应宜于产生轻便自然的书牍；可是就另一方面说，古文家不但有意为文，而且时时存心摹古避俗，往往不写信则已，一写就是长篇大论，拖着腔调说话。韩柳诸大家文集里所谓"书"都实在是"论"，没有一篇随意写的尺牍；《唐文粹》的几卷"书"也是如此。这当然不就能证明唐人不写这类尺牍，但是单就它们不被收入选集一点来说，当时人看轻这类小品，却无可置疑。从现存的长篇书信来看，唐人对于尺牍似未见擅长。论政论道论文的书信置之不论，就拿自道衷曲的书信来说，它们也往往有些装腔作态。姑举两例：

与足下久别矣，以吾心之思足下，知足下悬悬于吾也。各以事牵，不可合并。其于人人，非足下之为见而日与之处，足下知吾心乐否也？吾言之而听者谁欤？吾唱之而和者谁欤？言无听也，唱无和也，独行而无徒也，是非无所与同也，足下知吾心乐否也？

——韩愈《与孟东野书》

茕茕孤立，未有子息。荒陬中少士人女子，无与为婚，世亦不肯与罪人亲昵。以是嗣续之重，不绝如缕。恐每当春秋时飨，孑立捧奠，顾盼无后继者，栗栗然欷歔惴惕。恐此事便已，椎心伤骨，若受锋刃。此诚丈人所共悯惜也。

——柳宗元《与许孟容书》

两书在韩柳文集中都是上品文字，其中有真情感，写得很酣畅淋漓，都无可否认，但是拿它们和汉魏人短笺相较，终不免有不惬人意处。意简而辞繁，其病一。有意摹古修词，韩书故为低徊往复，摇曳生姿；柳书全体语调酷似司马迁《报任安书》；两书都拉着腔调说话，不似寻常人缕缕道家常口吻，其病二。唐人本胎息两汉，特别景仰汉人的奇古朴茂。不过汉人的奇古朴茂是本乡本调，家常亲切；唐人的高古朴茂则如南人当京官学蓝青官话，一听到就令人觉得他有几分勉强做作。古文家轻视尺牍，尺牍恐怕也必须回避古文家；因为尺牍代替面谈，而面谈的胜境在无拘无碍，家常亲切，它最忌讳扮腔打官话。

宋人的文章风格大体继承唐人，可是多少放弃了唐人的那种殿庑巍峨的气象而来于平淡轻便。这变化在诗中最显著，在书牍方面也可以看出。因此，宋人的书牍比较平易近人。古文的风气仍很盛，"书"还是皇皇大文。唐人原有一派保存着六朝的骈俪，宋人也没有完全放弃这方面的传统；欧阳修、王安石本来都是古文家，而集中小"启"大半还是骈俪。不过当时用骈俪作启，已把它作官样文章看待，大半用在应酬方面，姑举一例：

> 伏荣荣膺帝制，显正台司，伏惟庆慰。伏以史馆相公诚明禀粹，精�穷微。高步儒林，著三朝甚重之望；晚登交陛，当万乘非常之知……
>
> ——欧阳修《贺王安石入相启》

这种四六体尺牍已开后来幕僚文牍的风气，文无足取，影响却甚广大。不过在宋人尺牍中这究竟不是正宗，正宗必数苏、黄。东坡、山谷的书札在当时已为人珍视，所以早就搜集印行。东坡是绝顶聪明人，胸无尘芥，诗文书画都如行云流水，意到笔随。一般文人强作"雅"语，往往"雅"得俗不可耐，东坡的风雅却是他的自然本色，毫无做作，这是他的难能可贵处。东坡如右军，在全部尺牍中现出一个很明显的性格，篇篇都有独到，不宜以一斑窥全豹。我们在这里勉强举例，只是想引起阅读全书的兴趣：

枉顾，知事务冗迫，不敢久留话。纸轴纳去，余空纸两幅，留与五百年后人跋尾也。

——《与孙子思》

今日雾色尤可喜，食已，当取天庆观乳泉泼建茶之精者。念非君莫可与共之。然早来市无肉，当相与啖菜饭耳。不嫌，可即今相过。

——《与李公择》

或圣恩许归田里，得款段一仆，与子众丈杨宗文之流往来瑞草桥，夜还何村，与君对坐庄门吃瓜子炒豆，不知当复有此日否？

——《与王元直》

某睹近事，已绝北归之望，然中心甚安之。未话妙理达观，但譬如元是惠州秀才，累举不第，有何不可？

——《与程正甫》

这些尺牍简隽自然，犹是汉魏人风味，不像韩欧诸公那样踩高跷拉调子说话。"言为心声"，东坡能"以言语妙天下"，还是因为他的胸襟超人一等。

苏黄并称，不过在尺牍方面，黄只能算是一个配角。他的短简大半谈读书写字，亦偶有涉及私人日常生活的，但常不免矜持，姑举两例：

子瞻论作文法，须熟读《檀弓》，大为妙论。书字甚工，然少波峭，政以观古人书少耳。可取古法帖日陈左右。事业之余辄写数纸，颇胜弈棋废日。

——《与孙邻老》

某寓舍已渐完。使令者但择三四人差谨廉者耳。既不出谒，所与游者亦不多。山花野草，微风动摇，以此终日。衣食所资，随缘厚薄，更不劳治也。此方米面皆胜黔中。食饱饭，摩腹娑婆以卒岁耳。

——《答宋子茂》

这种尺牍本也楚楚可人，但是摆在苏公的作品一起，终觉作者胸中没有那一股清气，笔下也没有那种灵活气。

明朝人最讲究尺牍，时代较近，流传的也较多。赖古堂《尺牍新钞》搜罗较富，其次则陈眉公的《翰海》所收的也大半是明人作品，明人尺牍也像他们的书画诗文一样，爱做表面工夫，风致翩翩，但缺乏真正的生气，有时竟"雅"到俗不可耐。姑举数例：

一水盈盈，重门深闭，玉人夜从何路来吾梦境也？计剪灯细语，当在林莺唤友梁燕将雏之际。

——孔顾之《寄朱景周》

先生言霏霏流霞，竞爽眉际，都是晋人气味，一见凉骨。痴俗人那得领如许清快。

——徐文长《与屠赤水》

山中已有一亭，次第作屋。晨起阅藏经数卷，倦即坐庭上，看西山一带堆蓝，天然一幅米家墨气。午后闲走乳窟听泉，精神日以爽健，百病不生。三月初间花鸟更新奇，来往数日，烟云供养，受用不尽。

——袁小修寄弟

这都是典型的明人气味。他们都有些"斗方名士"的习气，啸傲山川，纵情风月，自以为是世间第一等高人雅士，友朋酬酢，互相激扬，日日以"雅事"消磨岁月，作"雅语"自慰衷怀。他们的尺牍就是这样写成的。他们的好处古人都已有了，古人的好处他们摹拟渲染，往往就成为他们的坏处。说艳丽他们和六朝相距甚远；说隽永他们所得的只是苏东坡的牙后慧。

不过这只就一时风气而言，通则都有例外，明朝人也有些能自拔于流俗的。宗子相《报刘一丈书》，描写士子奔走权贵之门的丑态，淋漓尽致，常见于选本，无用钞引。此外我颇喜欢像下列两例的书札：

先司徒及先太安人生平不问卜，不推命。男女婚姻，一言即决，亦不待媒妁之往复也。故儿辈结缡，并未尝先求庚帖。……小女今十六岁，辛丑生，其月日与时亦不能详。庚帖，造命也。命曰造便当造之。必得小女庚帖，乞迁数月，俟有精于推命者命其造一八字，极富极贵极多男，方送来如何？

——张萱《答人议婚》

弟入都半载，尘垢满身，未经一浴，无此具也。北人都不办此，且谓多浴耗神。不审此地诸公得此养生妙诀，果能与鼓筏比算否？老年翁以南人居北，必能避此迁风。如有其具，幸为一假。

——李渔《与倪涵谷》

我喜欢这类书札，因为它们有一事就说一事，说得直截了当，不卖弄风雅，也不咬文嚼字，而文字也自明快可读。

书牍虽小道，却是最家常亲切的艺术，大可以见一时代的风气，小可以见一人的性格。回顾中国二千年来书牍风格的演变，约有三个主潮。一是古文派，像乐毅《报燕惠王书》、司马迁《报任安书》、杨恽《报孙会宗书》、马援《与杨广书》以及韩愈、柳宗元、欧阳修、王安石诸古文家的作品所代表的，这派作品在文体上以骈为主，严肃有如正式著述，宏肆有如长江大河，一泻千里。一是骈俪派，像曹丕《与吴质书》、邱迟《与陈伯之书》、鲍照《登大雷岸与妹书》、梁简文帝《与萧临川书》、祖鸿勋《与阳休之书》、庾信《为萧悫与妇书》之类所代表的。这派作品在文体上以骈为主，镂金绣彩，备极精工，情称其文时风致亦复翩翩可喜，辞溢于情时易流为浮华俗滥。一是帖札派，像曹操、王羲之、苏轼、黄鲁直诸人作品所代表的。这派作品与前两派的最大异点在随时应机，无意为文，称心而言，意到笔随，意尽笔止。就文体说，它随兴所至，时而骈，时而散，时而严肃，时而诙谐，不拘一格。在这三派之中，最家常亲切而也最能尽书牍功用的当推后一派。但是这后一派在以往也最为人所忽视，因为过去文人不属于古文派就属于文选派，在古文派看，尺牍与语录小说同为芜杂不雅驯，在文选派看，他们在这里面找不到他们所羡慕的辞藻声色。因此，这一派尺牍往往不收入文集或是选本。如果尺牍要走上正轨，这风气必须矫正过来。我们要记得书牍本是代替面谈，我们所需要的是家常便饭而不是正式筵席。

谈读诗与趣味的培养

据我的教书经验来说，一般青年都喜欢听故事而不喜欢读诗。记得从前在中学里教英文，讲一篇小说时常有别班的学生来旁听；但是遇着讲诗时，旁听者总是瞟着机会逃出去。就出版界的消息看，诗是一种滞销货。一部大致不差的小说就可以卖钱，印出来之后一年中可以再版三版。但是一部诗集尽管很好，要印行时须得诗人自己掏腰包作印刷费，过了多少年之后，藏书家如果要买它的第一版，也用不着费高价。

从此一点，我们可以看出现在一般青年对于文学的趣味还是很低。在欧洲各国，小说固然也比诗畅销，但是没有在中国的这样大的悬殊，并且有时诗的畅销更甚于小说。据去年的统计，法国最畅销的书是波德莱尔的《罪恶之花》。这是一部诗，而且并不是容易懂的诗。

一个人不喜欢诗，何以文学趣味就低下呢？因为一切纯文学都要有诗的特质。一部好小说或是一部好戏剧都要当作一首诗看。诗比别类文学较谨严，较纯粹，较精致。如果对于诗没有兴趣，对于小说戏剧散文学等等的佳妙处也终不免有些隔膜。不爱好诗而爱好小说戏剧的人们大半在小说和戏剧中只能见到最粗浅的一部分，就是故事。所以他们看小说和戏剧，不问他们的艺术技巧，只求它们里面有有趣的故事。他们最爱读的小说不是描写内心生活或者社会真相的作品，而是《福尔摩斯侦探案》之类的东西。爱好故事本来不是一件坏事，但是如果要真能欣赏文学，我们一定要超过原始的童稚的好奇心，要超过对于《福尔摩斯侦探案》的爱好，去求艺术家对于人生的深刻的观照以及他们传达这种观照的技巧。第一流小说家不尽是会讲故事的人，第一流小说中的故事大半只像枯树搭成的花架，用处只在撑扶住一园锦绣灿烂生气蓬勃的葛藤花卉。这些故事以外的东西就是小说中的诗。读小说只见到故事而没有见到它的诗，就像看到花架而忘记架上的花。要养成纯正的文学趣味，我们最好从读诗入手。能欣赏诗，自然能欣赏小说戏剧及其他种类文学。

如果只就故事说，陈鸿的《长恨歌传》未必不如白居易的《长恨歌》或洪昇的《长生殿》，元稹的《会真记》未必不如王实甫的《西厢记》，兰姆（Lamb）的《莎士比亚故事集》未必不如莎士比亚的剧本。但是就文学价值说，《长恨歌》《西厢记》和莎士比亚的剧本都远非它们所根据的或脱胎的散文故事所可比拟。我们读诗，须在《长恨歌》《西厢记》和莎士比亚的剧本之中寻出《长恨歌传》《会真记》和《莎士比亚故事集》之中所寻不出来的东西。举一个很简单的例来说，比如贾岛的《寻隐者不遇》：

> 松下问童子，言师采药去。只在此山中，云深不知处。

或是崔颢的《长干行》：

> 君家何处住？妾住在横塘。停舟暂借问，或恐是同乡。

里面也都有故事，但是这两段故事多么简单平凡？两首诗之所以为诗，并不在这两个故事，而在故事后面的情趣，以及抓住这种简朴而隽永的情趣，用一种恰如其分的简朴而隽永的语言表现出来的艺术本领。这两段故事你和我都会说，这两首诗却非你和我所做得出，虽然从表面看起来，它们是那么容易。读诗就要从此种看来虽似容易而实在不容易做出的地方下功夫，就要学会了解此种地方的佳妙。对于这种佳妙的了解和爱好就是所谓"趣味"。

各人的天资不同，有些人生来对于诗就感觉到趣味，有些人生来对于诗就丝毫不感觉到趣味，也有些人只对于某一种诗才感觉到趣味。但是趣味是可以培养的。真正的文学教育不在读过多少书和知道一些文学上的理论和史实，而在培养出纯正的趣味。这件事实在不很容易。培养趣味好比开疆辟土，须逐渐把本非我所有的变为我所有的。记得我第一次读外国诗，所读的是《古舟子咏》，简直不明白那位老船夫因射杀海鸟而受天谴的故事有什么好处，现在回想起来，这种蒙昧真是可笑，但是在当时我实在不觉到这诗有趣味。后来明白作者在意象音调和奇思幻想上所做的工夫，才觉得这真是一首可爱的杰作。这一点觉悟对于我便是一层进益，而我对于这首诗所觉到的趣味也就是我所征服的新领土。我学西方诗是从十九世纪浪漫派诗人入手，从前只觉得这派诗有趣味，讨厌前一个时期的假古典派的作品，不了解法国象征派和现代英国的诗；对它们逐渐感到趣味，又觉得我从前所爱好的浪漫派诗有好些毛病，对于它们的爱好不免淡薄了许多。我又回头看看假古典派的作品，逐渐明白作者的环境立场和用意，觉得它们也有不可抹煞处，对于他们的嫌恶也不免减少了许多。在这种变迁中我又征服了许多新领土，对于已得的领土也比从前认识较清楚。对于中国诗我也经过了同样的变迁。最初我由爱好唐诗而看轻宋诗，后来我又由爱好魏晋诗而看轻唐诗。现在觉得各朝诗都各有特点，我们不能以衡量魏晋诗的标准去衡量唐诗和宋诗。它们代表几种不同的趣味，我们不必强其同。

对于某一种诗，从不能欣赏到能欣赏，是一种新收获；从偏嗜到和他种诗参观互较而重新加以公平的估价，是对于已征服的领土筑了一层更坚固的壁垒。学文学的人们的最坏的脾气是坐井观天，依傍一家门户，对于口味不合的作品一概貌视。

这种人不但是近视，在趣味方面不能有进展；就连他们自己所偏嗜的也很难真正地了解欣赏，因为他们缺乏比较资料和真确观照所应有的透视距离。文艺上的纯正的趣味必定是广博的趣味；不能同时欣赏许多派别诗的佳妙，就不能充分地真确地欣赏任何一派诗的佳妙。趣味很少生来就广博，将比开疆辟土，要不厌弃荒原瘠壤，一分一寸地逐渐向外伸张。

趣味是对于生命的彻悟和留恋，生命时时刻刻都在进展和创化，趣味也就要时时刻刻在进展和创化。水停蓄不流便腐化，趣味也是如此。从前私塾冬烘学究以为天下之美尽在八股文、试帖诗、《古文观止》和了凡《纲鉴》。他们对于这些乌烟瘴气何尝不津津有味？这算是文学的趣味么？习惯的势力之大往往不是我们所能想象的。我们每个人多少都有几分冬烘学究气，都把自己围在习惯所画成的狭小圈套中，对于这个圈套以外的世界都视而不见，听而不闻。沉溺于风花雪月者以为只有风花雪月中才有诗，沉溺于爱情者以为只有爱情中才有诗，沉溺于阶级意识者以为只有阶级意识中才有诗。风花雪月本来都是好东西，可是这四个字联在一起，引起多么俗滥的联想！联想到许多吟风弄月的滥调，多么令人作呕！"神圣的爱情""伟大的阶级意识"之类大概也有一天都归于风花雪月之列吧？这些东西本来是佳丽，是神圣，是伟大，一旦变成冬烘学究所赞叹的对象，就不免成了八股文和试帖诗。道理是很简单的。艺术和欣赏艺术的趣味都必有创造性，都必时时刻刻在开发新境界。如果让你的趣味围在一个狭小圈套里，它无机会可创造开发，自然会僵死，会腐化。一种艺术变成僵死腐化的趣味的寄生之所，它怎能有进展开发？怎能不随之僵死腐化？

艺术和欣赏艺术的趣味都与滥调是死对头。但是每件东西都容易变成滥调，因为每件东西和你熟悉之后，都容易在你的心理上养成习惯反应。像一切其他艺术一样，诗要说的话都必定是新鲜的。但是世间哪里有许多新鲜话可说？有些人因此替诗危惧，以为关于风花雪月、爱情、阶级意识等等的话或都已被人说完，或将有被人说完的一日，那一日恐怕就是诗的末日了。抱这种顾虑的人们根本没有了解诗究竟是什么一回事。诗的疆土是开发不尽的，因为宇宙生命时时刻刻在变动进展中，这种变动进展的过程中每一时每一境都是个别的、新鲜的、有趣的。所谓"诗"并无深文奥义，它只是在人生世相中见出某一点特别新鲜有趣而把它描绘出来。这句话中"见"字最吃紧。特别新鲜有趣的东西本来在那里，我们不容易"见"着，因为我们的习惯蒙蔽住我们的眼睛。我们如果沉溺于风花雪月，也就见不着阶级意识中的诗；我们如果沉溺于油盐柴米，也就见不着风花雪月中的诗。谁没有看见过在田里收获的农夫农妇？但是谁——除非是米勒（Millet）、陶渊明、华兹华斯（Wordsworth）——在这中间见着新鲜有趣的诗？诗人的本领就在见出常人之所不能见，读诗的用处也就在随着诗人所指点的方向，见出我们所不能见；这就是说，觉到我们所素认为平凡的实在新鲜有趣。我们本来不觉得乡村生活中有诗，从读过陶渊明、华兹华斯诸人的作品之后，便觉得它有诗；我们本来不觉得城市生活和工商业文化之中有诗，从读过美国近代小说和俄国现代诗之后，便觉得它也有诗。莎士比亚教我们会在罪孽灾祸中见出庄严伟大，伦勃朗（Rambrandt）和罗丹（Rodin）教我们会在丑陋中见出新奇。诗人和艺术家的眼睛是点铁成金的眼睛。生命生生不息，他们的发现也生生不息。如果生命有末日，诗总会有末日。到了生命的末日，我们自无容顾虑到诗是否还存在。但是有生命而无诗的人虽未到诗的末日，实在是早已到生命的末日了，那真是一件最可悲哀的事。"哀莫大于心死"，所谓"心死"就是对于人生世相失去解悟和留恋，就是对于诗无兴趣。读诗的功用不仅在消愁遣闷，不仅是替有闲阶级添一件奢侈；它在使人到处都可以觉到人生世相新鲜有趣，到处可以吸收维持生命和推展生命的活力。

诗是培养趣味的最好的媒介，能欣赏诗的人们不但对于其他种种文学可有真确的了解，而且也决不会觉到人生是一件干枯的东西。

长篇诗在中国何以不发达

中国诗和西方诗的发展路径有许多不同点，专就种类说，西方诗同时向史诗的戏剧的和抒情的三方面发展，而中国诗则偏向抒情的一方面发展。我们试设想西方文学中没有荷马、埃斯库罗斯、索福克勒斯、维吉尔、但丁、莎士比亚、弥尔顿和拉辛诸人，或是设想歌德没有写过《浮士德》，莎士比亚只做过一些十四行体诗，就可以见出史诗和悲剧对于西方文学的重要了。中国恰是一个没有荷马和悲戏三杰的希腊，杜甫恰是一位只做过十四行体诗的莎士比亚。长篇诗的不发达对于中国文学不能说不是一个大缺陷。

史诗悲剧和其他长诗在中国何以不发达呢？我以为这最少有五种原因。

（一）最大的原因就是我在上篇所说的哲学思想的平易和宗教情操的浅薄。史诗和悲剧不同于抒情诗，抒情诗以一时一境的主观情趣为主，只须写出人生的一片段；史诗和悲剧都同时从许多角色着眼，须写出整个的人生，整个的社会，甚至于全民族的哲学思想和宗教信仰。史诗和悲剧的作者都须有较广大的观照，才能在繁复多变的人生世相中看出条理线索来；同时又要有较深厚的情感和较长久的"坚持的努力"，才能战胜情性和环境的障碍，去创造完整伟大的作品。广大的观照常有赖于哲学，深厚的情感和坚持的努力常有赖于宗教。这两点恰是中国民族所缺乏的。

先说史诗。西方史诗都发源于神话。神话是原始民族思想和信仰的具体化，史诗则又为神话的艺术化。从《左传》《列子》《楚辞》《史记》诸书看，中国原来也有一个神话时代，不过到商周时代已成过去。神话时代是民族的婴儿时代。中国是一个早慧的民族，老早就把婴儿时代的思想信仰丢开，脚踏实地地过成人的生活。孔子"不语怪力乱神"，可以说是代表当时一般人的心理。西方史诗所写的恰不外"怪力乱神"四个字，在儒教化的"不语怪力乱神"的中国，史诗不发达，自然不是一件可奇怪的事。

再说悲剧。西方悲剧发祥于希腊。希腊人岁祀狄俄倪索斯（Dionysus 主酒及谷畜的神）时有合唱队在神坛前唱歌跳舞并扮演神的事迹。希腊悲剧便从这种祀典发达出来。近代悲剧一半是学希腊的，一半是起源于中世纪教会中所扮演的"圣迹剧"。王静安在《宋元明戏曲史》里也说中国的戏曲发源于巫蛊祭祀。这种中西的暗合可证明悲剧与宗教关系的密切。发源相同，何以后来中西的成就却不一致呢？西方悲剧不外两种：一种描写人与命运的挣扎；一种描写个人内心的挣扎。没有人与神的冲突，便没有希腊悲剧；没有内心中两种不同的情绪或理解的冲突，便没有近代悲剧。中国人民的特点在处处能妥协，"上不怨天，下不尤人"是他们的处世的方法。这种妥协的态度根本与悲剧的精神不合，因为它把冲突和挣扎都避免了。

（二）西方民族性好动，理想的人物是英雄；中国民族性好静，理想的人物是圣人。西方所崇拜的英雄为希腊的阿喀琉斯（Achilles）、拉丁民族的查理大帝（Charlemagne）和罗兰（Rolland），日耳曼民族的西格弗里（Siegfried）和贝奥武甫（Beowuef）都是气盖一世的伟男子，具有扛鼎搏虎的膂力，一生全在困苦艰难中过活，打过无数的胜仗，杀过无数的猛兽，如果没有他，全民族就要灭亡。中国儒家所崇拜的圣人如二帝三王，大半都是在"土阶茅茨"之中的"端冕垂裳而天下治"的君主，敬天爱民之外，不必别有所为。圣人之中只有治水的夏禹颇似西方的英雄，但是孔子称赞他，却侧重"菲饮食而致孝乎鬼神，恶衣食而致美乎黻冕，卑宫室而尽力乎沟洫"三点，这些还是"太平天子"的美德。

中西的人生理想所以有这种分别者，也和社会开化的早晚有关。中国社会安定极早，没有很大的内忧外患，所以当时所需要的人物只是"无为而治"的"太平天子"。西方民族在文学初露萌芽时代，还在和天灾人祸奋斗，所以当时所需要的人物是"杀人不敢前，须如为蝟毛磔"的战士。这种人生理想的差异在文学上也留下很深刻的影响。史诗和悲剧都必有动作，而且这种动作必须激烈紧张，才能在长篇大幅中维持观众中的兴趣。动作的中心必为书中的主角，主角必定为慷慨激昂的英雄，才能发出激烈紧张的动作，所以西方所崇拜的英雄最宜于当史诗和悲剧的主角。在西文中"主角"和"英雄"两个名词都只有 hero 一个字，也可以证明西方人生理想对于史诗和悲剧的影响很大。中国"无为而治"的圣人最不适宜于作史诗和悲剧和主角，因为他们根本就少动作。

（三）文艺上主观的和客观的一个分别固然不是绝对的，但是侧重主观或是侧重客观的是可能的。依荣格（Jung）的研究，民族和个人的心理原型有"内倾""外倾"两种。"外倾"者好动，好把心力支到外面去变化环境，表现于文艺时多偏重客观。"内倾"者好静，好把心力注在自己的身上作深思内省，表现于文艺多重主观。中西民族相较，西方民族属于外倾类，中国民族属于内倾类，所以通盘计算，西方文学偏重客观，以史诗悲剧擅长，中国文学偏重主观，以抒情短章擅长。

中国诗偏重主观，所以史诗和悲剧所必要的客观的想象不发达，我们拿中国游仙派诗人所见到的仙境比较西方诗所描写的天国，立刻就可以见出客观的想象贫乏是长篇诗在中国不发达的一个大原因。"游仙派"诗人所见到的仙境大半根据道家的传说，他的意象很模糊隐约，我在上篇《中国诗在情趣上的比较》已经说过。神仙的极乐仍是清静无为，所以我们在游仙诗中寻不出动作，找不出一个首尾贯串的故事来，最多只有骑鹤乘云，持芙蓉，吹玉笙，饮琼浆，启玉齿之类做哑戏似的静止的姿势。这种仙境的意象只可以产生图画雕刻而不能产生史诗。西方史诗中的天国却不如此简单，例如荷马所写的巴腊斯仙山，但丁所写的天堂，弥尔顿所写的乐园，都是一座轰轰烈烈的戏台，其中神仙仍然有婚嫁宴享，有刑赏争战，开很长的会议，起很激烈的辩论。他们所居的宫殿园囿，所用的衣服器皿，也件件都写得尽态极妍。一顶冠有几种颜色的宝石，一座楼台有几根楹柱，几扇窗牖，都很明了地呈现在我们眼前。李白以"遥见仙人彩云里，手把芙蓉朝玉京"区区十四字就写尽仙境的状况和仙人的姿态，但丁和弥尔顿却要用一部书来写。郭璞以"灵妃顾我笑，粲然启玉齿，蹇修时不存，要之将谁使？"区区二十字写尽一篇仙境的浪漫史，法国诗人维尼（A. de Vigny）写仙女爱罗娃（Eloa）钟情于撒旦的故事却铺张到七八百行。客观想象的强弱于此可见。

（四）史诗和悲剧都是长篇作品，中国诗偏重抒情，抒情诗不能长，所以长篇诗在中国不发达。就这一点说，史诗悲剧和其他长篇诗的缺乏并非中国文学的弱点，也许还可以说是中国人艺术趣味比较精纯的证据。西方从古希腊到十九世纪都特别看重长篇诗，以为长篇诗才可以有"庄严体"（grand style）。但是十九世纪以来，学者的意见已逐渐改变。有两点最值得注意。第一点就是西方学者现已看出一切诗都是抒情的，悲剧诗和史诗也还各是抒情诗的一种。首倡此说者为法国美学家幽佛罗瓦（Jouffroy），近来意大利美学家克罗齐（Croce）主张此说尤力。第二点值得注意的就是西方学者现已看出凡是抒情诗都不能长，长篇诗不必全体是诗。这一说倡于美国诗人爱伦·坡（Edgar Allan Poe）。他说："'长诗'简直是一个自相矛盾的名词。"他以为荷马史诗和《失乐园》之类的长篇诗，都是许多短诗凑合起来，其中有许多不是诗的地方。近代考据学者对于史诗为如形成一个问题所得的结论亦颇与爱伦·坡的学说暗合。古代史诗都是许多短篇叙事诗集成的。

（五）史诗和悲剧都是原始时代宗教思想的结晶，与近代社会状况与文化程度已不相容。欧洲近代所以还有人做史诗做悲剧者，因为有希腊的蓝本可模仿。假使希腊人没有留下悲剧和史诗的形式和技巧，假使他们没有替史诗和悲剧在文学中占得一种极优先的地位，近代欧洲能否有这两种文学，也还是疑问。而且史诗和悲剧在近代文学中没有站得住脚。史诗已蜕化为小说，悲剧已蜕化为"问题剧"和"风俗剧"，都是由诗变为散文。这种变迁似乎可以证明人类的情趣已渐由委婉而趋直率，从前人须以诗表现的，现在用散文就够了。中国散文发达极早，像《左传》《史记》一类的材料在西方古代都是史诗的材料，而在中国却只是散文作品，这也许由于史诗的时代在当时本已过去，而前此又无史诗可为蓝本。小说在中国发达比西方较早，汉魏六朝时记神仙鬼怪的散文极多。像《穆天子传》《汉武帝故事》《西京杂记》《飞燕外传》《搜神记》之类，都可以做长篇叙事诗的材料，但是因为史诗无蓝本而小说格式已成立，所以作者都取小说的形式，至于中国戏剧的形式的成立为时极晚，最早也不过在唐朝，悲剧的时代早已过去。最擅长戏剧的元人的作品大半仍是抒情诗，不能和西方戏剧相提并论。

以上五种原因凑合起来，似乎可以完全解释史诗悲剧和其他长篇诗在中国何以不发达的道理。这五种原因有些起于中国民族的弱点，也有些起于中国民族的优点。如依谨严的逻辑，我们似不应把它们相提并论。不过这个问题本来还没有定论，我们正不妨列举所见，以备将来研究这个问题者的参考。

眼泪文学

记得有一位作者，在他一篇小说后面记他自己读那篇文章所受的感动程度说："因为这一段事过于凄惨，自己写完了再读一遍，却又落了一会儿泪。"近来又看到一位批评家谈一部新出的剧本，他说他喜欢这剧本，它使他"流过四次眼泪"。同样的自白随时随地可以看到或听到，我每看到或听到这种话时，心里不免有些怅惘。我也天天在读文学作品，为什么我一向就没有流过眼泪呢？罪过显然不在作品，因为叫他们流泪的书我也还是在读。这大概只能归咎我的天性薄，心肠硬了。

应该归咎于我自己，我承认；不过文学与眼泪是否真有必然的关联？文学的最高恩惠是否就是眼泪？叫人流泪的多寡是否是衡量文学价值的靠得住的标准？对于这些问题，我却很怀疑。

我虽不会流泪，但是我想它也并不是难事。你到戏院或电影院里去看看。每逢到一个末路英雄、一对情侣的生离死别，或是一个堕落者的最后忏悔，你回头望一望同座的观众——尤其是太太小姐们——你总可以发现一些人在拿手帕揩眼睛。这是你看得见的，还有许多末路英雄、失意情侣和忏悔的堕落者睡在被窝里或是躺在沙发上在埋头咀嚼感伤派的小说，"掬同情之泪"，你也不难想象到。

在这个世界里，末路英雄、失意情侣和忏悔的堕落者实在是太多了，所以感伤派文学——或者用法国人所取的一个更恰当的名称，"眼泪文学"（literaturte larmane）——总是到处受欢迎。据希腊哲学家柏拉图说，人生来就有一种哀怜癖，爱流泪，爱读叫人流泪的文学。这是一种饥渴，一种馋瘾，读"眼泪文学"觉得爽快，正犹如吃了酒，发泄了性欲，打了吗啡针，一种很原始的要求得到了满足。因为需要普遍，所以就有一派作者应运而起，努力供给以文学为商标的兴奋剂。

"眼泪文学"既有人类根性做基础，所以传播起来非常容易。大家愈称赞流泪，于是流泪成为时髦。我们都知道，文学史上有所谓"浪漫时期"，"浪漫时期"又有所谓"世纪病"，"世纪病"其实可以说就是"流泪病"。在那个时期，不爱流泪，不会叫人流泪，就简直失去"诗人"的资格。他们的英雄是维特（Werther），是哈罗尔德（Herold），是勒内（Rene），个个都是眼泪汪汪地望着破烂的堡垒和荒凉的墓园，嗟叹人生的空虚，歌咏伤感的伟大。会流泪，就会显得你不同凡俗，显得你深刻高贵。大家都爱自居深刻高贵，于是流泪本来虽是"贵族的"，也变成"平民的"了。因此，"眼泪文学"于人类根性之外，又加上风气与虚荣心两重保障。

文学能叫人流泪，它的感动力多么伟大啊！但是我们试平心静气地想一想：世间受文学感动而至于流泪的人们，在感动以后，究竟发下什么样的大善心，叫世界上少发生一些可痛哭流涕的事件呢？谈到这个问题，我又想起柏拉图。他驱逐诗人于理想国之外，重要的原因就是诗人太爱叫人流泪。只有弱者在悲苦的境遇才感伤流泪，诗人迎合人类好感伤流泪一点劣根性，尽量拿易起感伤的材料去刺激听众，叫他们得到满足"哀怜癖"的快感，久之习惯成自然，他们便逐渐失去"丈夫气"，性格变成女性化，到自己遇到悲苦境界时，也只以一叹一哭了之。柏拉图的清教徒式的严酷固然有些过火，但从一般读文学而爱流泪的人们所给的实证看，他的话似乎也并不完全错误。记得看过一篇俄国小说——记不清作者，许是屠格涅夫——写一位莫斯科的贵妇坐在马车里读一部写贫苦社会的小说，读得泪流满面，同时她的马车夫就在她面前冻死了，她却毫不在意。受文学作品感动而流泪的人们心地并不一定就特别慈祥，法国哲学家卢梭老早就已经说过。像罗马塞那（Sylla）之类的暴君素以残酷著名，到戏院里去看悲剧时也还是流泪。

能叫人流泪的文学不一定就是第一等的文学。关于这一点，我曾经作过一些实地观察。我到戏院里看戏，总喜欢回头看看观众在兴酣局紧时，面孔上表现什么样的反应。我看过几十次的莎士比亚的作品，在剧情极悲惨时，我回头看看，只见全场人都在屏息静听，面上都呈现一种虽紧张而却镇定喜悦的样子。我也看过不少的富于感伤性的近代戏，像《茶花女》《少奶奶的扇子》之类的戏我都看过好几遍，每次总听得前后左右的观众哭的哭，啼的啼。我不常看电影，但是也常听到看过电影的朋友回来报告说："今天片子真好，许多人都淌了眼泪。"我不敢很武断地说某一种文学一定比某一种价值高，但是我觉得把《茶花女》《少奶奶的扇子》之类的作品摆在《李尔王》或《麦克白》之上，至少是可以引起疑问。就是拿同一个作者的作品来说，《少年维特之烦恼》叫人流泪的可能无疑地比《浮士德》强，但是它们的价值高低决不能和叫人流泪的可能成正比例。英国诗人华兹华斯在一首诗里说过："最微小的花对于我可以引起不能用泪表达得出的那么深的思致。"用泪表达得出的思致和情感原来不是最深的，文学里面原来还有超过叫人流泪的境界。

最后，读文学作品何以就至于流泪，也很值得研究。你是为文学作品而流泪呢？还是为它所写的悲惨情境而流泪呢？换句话说，你的泪是艺术欣赏者的欢欣的泪呢？还是实际人对于实际悲痛的"同情之泪"呢？一般人读文学作品而流泪大半是后一种。他们生性爱感伤，文学让他们过一会儿瘾，他们所得的快感正犹如抽烟打吗啡针所给的快感一样，根本算不得美感。作者要产生这种快感也并非难事。在作品里多放些引起悲痛的刺激剂，就行了。

眼泪是容易淌的，创造作品和欣赏作品却是难事，我想，作者们少流一些眼泪，或许可以多写一些真正伟大的作品；读者们少流一些眼泪，也或许可以多欣赏一些真正伟大的作品。

日记

——小品文略谈之一

就体裁说，日记脱胎于编年纪事史。在史部著述中，编年纪事体起来最早。史是穷究本源的学问，给过去事实以因果线索的说明。要寻溯因果线索，先要搜罗孤立杂陈的事实。即近代学者所谓"资料"。所以搜罗事实是史的第一步工作，也是史的发展中最初为史家看重的工作。说明因果线索是史学上比较晚起的观念，古代人大半只据实直书。中国古代史有专官，官有专掌。"左史记言，右史记行。"记的方法大半是遇到一件事情发生，随时就记下来，一事一条，如登流水账，先后次第就依事情发生的年月安排。这便是编年纪事。《春秋》是这个体裁的典型。西方各国史的著述也多起于 chronicles（即编年纪事）。例如著名的《盎格鲁撒克逊编年纪事》，就是英国的最早的史乘。这部书不像中国古史出于史官，它成于中世纪寺院的僧侣，作者以私人的资格逐年逐月记载国家的大事。

这种以私人资格写成的编年纪事实在就已经是日记。但是它和日记究竟有一个重要的分别：编年纪事以一国为中心，例如《春秋》中的"我"就是鲁国；日记以作者私人为中心，其中的"我"只是作者自己。"中心"与"观点"不同。任何史籍都必采取一个观点，而那个观点都必是作者个人的观点，我谓"客观的历史"并不存在。现存的《春秋》是孔子站在他自己的尊周尊鲁的观点上，以鲁国为中心，去记载当时天下大事。日记是作者站在他的资禀、经验、修养所形成的观点上，以自己为中心，记载每日所见所闻。自己所见所闻可能为天下国家大事，也可能为私人琐事。在这一点上日记与编年纪事又有不同：编年纪事不记私人琐事，纵然偶尔破例，也必因为私人琐事有关国家大事，《春秋》《左传》记齐姜、夏徵舒、灵辄、杜隗诸人的琐事，可以为证。

编年纪事起来很早，照理日记也应该如此。但是事实不然，日记起来很晚。在西方，希腊的ephemeris（意谓"日记"）还是官书，记载军队行动或是国王起居；罗马的diarium（"日记"）只是记载奴仆的配给账目，都与后来的日记（diary）没有直接的渊源。最早的近代语言写的日记起于文艺复兴时代，法国有两部最早的日记都不著作者的姓名。一部的作者是一位牧师，另一部的题名是"一位巴黎市民的日记"。西方写日记的风气到十七世纪才盛，英国两位极著名的日记作者爱文林（Evelyn）和斐匹斯（Pepys）都生在这个时期。在中国，《四库全书》中子部杂家类，史部杂史与传记类，集部别集类（日记可能隶属的部门）都不列日记为一目。据个人所知道的来说，清朝才逐渐有日记出现，比较为人所知的是陆清献公（陇其）日记，臧庸拜经日记，钱大昕竹汀日记（这几种实在是论学笔记，与寻常日记有别）。曾文正公（国藩）日记，李文忠公（鸿章）日记，李慈铭《越缦堂日记》数种。这当然不能证明前人不写日记，很可能有写的不印行，但是这可以证明从前人不很重视日记，不认为它有流传的价值。

在日记起来之前还有一个过渡的体裁，就是笔记。它的内容无异于日记，只是不逐日安排。古代许多零星琐碎的私家著述，实在都要归于笔记一类。像《论语》《檀弓》《韩诗外传》《晏子春秋》、刘向《说苑》之类，可能都是随时记载，日积月累起来，似有系统又似无系统的。唐人说部盛行起来以后，笔记更日渐发达。像《北梦琐言》《归田录》《见闻录》《涑水记闻》《侯鲭录》《梦溪笔谈》《池北偶谈》《容庵笔记》之类，或记异闻，或谈琐事，或品评人物，或讨论诗文，或记载朝政，或描写风俗，不拘一格，不避芜琐，其实都是笔记而近于日记。在西方也是如此，记事的多于“备忘录”（*Memoirs*）一类，罗马大将恺撒的“备忘录”（*Commentaris*）记载他自己所经过的战争，是最早的例子。十六、十七、十八世纪，写“备忘录”的风气最盛，许多政治家退休或文艺家告老时，只要境遇安逸，时间富裕，都写一部“备忘录”，类似“自传”而涉及当时一般掌故。记言的则取随感录、笔记、对谈录各种形式。像马尔库斯·奥勒利乌斯的《冥思录》，琼森的《发现录》（Ben Jonson: *Discoveries*），布莱克（Blake）、柯尔律治（Coleridge）一类文人的笔记（note-book），歌德的《与爱克曼谈话》之类作品，其中内容若是摆在日记里也都很合适。

不过这些作品虽近于日记而终非日记，不仅因为它们不标明年月日，尤其重要的是它们大半是作者存心著述，有意要流传给后人的。最好的日记像爱文林和斐匹斯两人的作品，都是作者死后多年才被人发现印行。作者自己当初无意借此传世享名。斐匹斯记了九年的日记，不但从来没有向至亲好友谈过，时常把它当作一种秘密文件谨慎地藏起，而且用当时人所不熟悉的而后人须费一番研究才发现出来的一种速写字体记录。他仿佛生怕人知道他写过这部日记或是拿它公布。许多日记作者也都这样谨守秘密。这是日记的一个特色，作者是在自言自语，为自己的方便或乐趣而写作，无心问世。惟其如此，他毫无拘束，毫无隐瞒避讳，无须把话说得委婉些，漂亮些。只须赤裸裸地直说事实或感想。他只对自己"披肝沥胆"（confidential），所以他想写的真正是"亲切的"（intimate）。例如斐匹斯早年同情于革命党，查理第二复辟后，他在 1666 年 11 月 1 日有这样一段记载：

> 我们和两三位乡绅在一块吃饭，其中有我的老同学克里斯马君，我和他谈了很多。他还记得我在年轻时是一个剧烈的革命党，我生怕他会记得皇帝①砍头那一天我所说

---

① 查理第一。

的话（那话是"如果我要当牧师向他布道，我的题目应该是'恶人的过去史须毁烂去'"）。但是后来我发现他在那时已离开学校。

这话是不能告诉人的，说出来有生命的危险，在日记中他居然说出来了。在另一日记中他记下这样一段：

> 今早我去了礼拜堂。牧师的演讲甚好，但是前一排一位漂亮小姐的背影惹得我心花意乱。我拿一本诵圣诗给她，好使她回过头来。照面看去颇失望，她像不高兴。收捐用盘子不用劝施囊。真讨厌。要给半皇冠币①。以后要记得放些六便士小银币在口袋里。

这样的坦白在一般自传中颇不易看到。寥寥数语叫我们马上可以看出他的性格。

日记的好处在泄露作者的深心的秘密。怕泄露秘密，那就失去日记的好处。惟其如此，不但作者自己，就是他的亲戚朋友，也往往不肯轻易让一部日记公布，一则怕作者自己的不大好看的一面性格现了出来，一则怕触忌讳，里面可能有许多使旁人不大好看的话。有些作者不免在日记里发泄私人的愤恨和忌妒，李慈铭在《越缦草堂日记》里对他所不高兴的同时文人

---

① 银币值二先令六便士。

学者常爱信口雌黄，就很惹起一些指责。连斐匹斯日记的编辑者也很谨慎地删去原文许多有失体面的话。这种对于作者的虔敬虽然可佩，究竟不免淆乱日记的真面目。

日记虽然本来不是拿来发表的，可是发表了出来，用处却是很多。第一，它是很好的历史资料。正史通常有两个大缺陷。首先它只记国家大事，只传风云变化中主要人物，对于一般社会内层的风俗习惯以及不影响到政教大端的而却具有特性、值得记忆的人物，或是一概抹煞，或是语焉不详。其次，它往往出自史官之手，或是依据官书，偏袒忌讳，常所不免。这两个缺陷都可以借私人日记来弥补。法国十四五世纪那两部无名氏的日记，提供我们许多关于当时的政治社会状况的知识。英国十七世纪许多大事像伦敦大疫、大火，以及革命内战之类，在爱文林和斐匹斯的日记里都有很翔实的记载。从这些日记里我们对于当时英法两国社会人情风俗比从正史里还能得到更具体的印象。第三，与史实相关的是传记的资料。替一个人作传记或年谱，如果他有日记留传，我们就有最原始可靠的证据。尤其是一个人的内心生活在日记里比在他的一般言行里可以看得更清楚。日记作风的倾向颇类似小说，在十七八世纪以前，一般日记与小说都侧重浮面的事态变动，近来这两类作品日渐变成"内省的"，爱作深微的心理描写。曾经轰动一时的俄国女艺术家巴西柯塞夫（Marie Bashkirtseff）的日记（1860年至1884年），就是一部极好的内心生活的自传。第三，它是文学研究的好资料。诗人华兹华斯的妹妹多萝西（Dorothy）的日记就是一个好例。这两位兄妹常在一起，遇到一个新鲜有趣的境界或人物，兄写成诗，妹就用散文写在日记里。借着这种日记我们知道华兹华斯的许多诗是在什么情境之下写成的。还有另一类日记，像法国龚古尔兄弟（Los Cencourts）和纪德（Gide），英国曼斯菲尔德（Manstfield），以及美国爱默生（Emerson）诸人的作品，常流露作者对于人生、自然与文艺的深切的感想，也有助于文艺的了解与欣赏。

最后，我们不要忘记日记对于近代小说发展的影响也很大。较早一点的像意大利名著《爱的教育》（有夏丏尊译本）就是用日记体写的。近来像乔易司的《尤利西斯》（James Joyce：*Ulysses*）和吴尔夫的《黛洛维夫人》（Virginia Wool：*Mrs. Dalloway*）两部划时代的小说名著在形式上都是一日的日记，把一天里的外界印象与内心变化极细微地描写出来，篇幅到了几百页之长。这可以说是日记体的登峰造极了。

我们都是人，了解人性是人性中一个最强烈的要求，我们都有很浓厚的好奇心，要窥探自己的深心的秘密和旁人的深心的秘密。在要求了解之中，我们博取同情也寄予同情。我们惊喜地发现旁人与自己有许多相同，也有许多不同。这世界不是一个陌生的世界，却也不是一个陈腐单调的世界。因为这个缘故，记日记与读日记都永远是一件有趣的事。

1948 年

随感录（上）

——小品文略谈之二

依心理学的分析，人类心思的运用大约取两种方式：一是推证的、分析的、循逻辑的方式，由事实归纳成原理，或是由原理演绎成个别结论，如剥茧抽丝，如堆砖架屋，层次线索，井井有条；一是直悟的，对于人生世相涵泳已深，不劳推理而一旦豁然有所彻悟，如灵光一现，如伏泉暴涌，虽不必有逻辑的层次线索，而厘然有当于人心，使人不能否认为真理。这分别相当于印度因明家所说的比量与现量，也相当于科学与艺术。"言为心声"，文学作品中也可以见出同样的分别。有一类文章是"想"出来的，有一类文章是"悟"出来的，"想"由于人力，"悟"由于天机。本来得之于"想"的就可以"想"去了解，把文章的脉络线索理清楚了，意思也就自然清楚；本来得之于"悟"的就必以"悟"去了解。"悟"须凭经验涵养的印证，工夫没有到那步田地，丝毫也不能强求，所以"悟"的文章对于莫明其妙的人们往往带有神秘色彩——禅宗语录是最显著的例。

就大体说，随感录这一类文章是属于"悟"的。它没有系统，没有方法，没有拘束，偶有感触，随时记录，意到笔随，意完笔止，片言零语如群星罗布，各各自放光彩。由于中国人的思想长于综合而短于分析，长于直悟而短于推证，中国许多散文作品就体裁说，大半属于随感录。《论语》可以说是这类作品的典型，随便几节为例：

> 子在川上曰："逝者如斯夫，不舍昼夜。"

> 子曰："予欲无言。"子贡曰："子如不言，则小子何述焉？"子曰："天何言哉？四时行焉，百物生焉，天何言哉！"

> 山梁雌雉，子路拱之，三嗅而作。子曰："时哉时哉！"

这类文章大半文词极简洁而意味隽永，耐人反复玩索。虽是零碎的记载，各自独立，而结集起来全盘看去，仍有一个一贯的生命，因为每句话都表现作者的人格，许多零碎的话借作者的混整的人格贯串起来，终成一个整体，虽杂而却不至于乱。既是随感，题材便不必一致，或记人事，或谈哲理，或评人物，或论文艺，无所施而不可。中国许多著作都多少有随感录的性质。经部如《易》卦象象辞，《曲礼》《檀弓》《春秋》记言；子部如《老子》，韩非《说林》《韩诗外传》《晏子春秋》，刘向《说苑》；集部如杂说杂记笔记语录诗话之类有许多都是一时兴到之作。《论语》以后，取随感录的体裁而最成功的当然要推世说新语。这部书尽管是撷拾史乘，尽管是分类记录，而每条都可以独立自成一个小天地，如清泉秋潭，印心照眼，令人悠然起遐想。许多鸿篇巨制，经作者精心结构，经我们读者仔细揣摩过的，往往只是一种功课，境过即忘；而这类零星感想却凭它们的简单而深刻，平易而微妙的力量渗入我们的肺腑，活在我们的生活里，在漫不经心的时会，突然在我们心里开花放光，令我们默契欣喜，这是随感录这一类文章的妙用。

西方思想本长于推证与分析，所以西方文学大半以结构擅长。讲结构不能不穷究本原，寻溯变化，推判终极，亚理斯多德在《诗学》里所以特申文艺作品要有头有尾有中段，那个似平凡而却紧要的教训。头尾全具，变化毕陈，篇幅就不能不延长，所以西方著作无论是哲学科学或是文学的，大半有两大特色：第一是篇幅长，其次是条理清楚。像一座建筑，它有一个架子，柱梁墙壁，门窗户扇，架得起也拆得开，令人望之一目了然，古代的史诗，近代的小说以及哲学科学名著都是如此。所以随感录这一类文章不能算是西方人的本色当行，但是西方心智的发展毕竟是多方面的。在思想方面，从古到今，直悟的综合的方式也并非没有卓越的代表人物。因此，随感录这一类文章还是有悠久的渊源与广泛的应用。如果把它们集结起来，成就也颇可观。

随感录在西文中有许多名称，有时是"格言"（maxims），有时是"隽语"（epigrans），最早见而到现在还习惯用的是aphorisms，意谓"简隽的断语"。这一种作品大半是判而不证，以简短隽永为贵，它起源于希腊哲学家希波克拉提斯（Hippocrates），他是当时的医学权威，曾结集一些经验证为有效而科学系统还不能容纳的事实，用简短的语句表达出来，就成为西方最古的一部 aphorisms。其中也有涉及一般人生的：

> 技艺悠久而生命短促。
>
> 性格即命运。
>
> 我们不能在同一河流里濯足两回。
>
> 醒者共有一个世界，睡者各有一个世界。
>
> 听得见的乐调是和谐的，听不见的乐调更和谐。

像这一类话现在已成为一般人的口头语。罗马人崇实用而喜词令，所以格言隽语也很受人欣赏，姑译数例以见一斑：

> 民主国由人民统治，但是所谓人民并非乌合之众，而是团体的集合，团结的主力是尊法律，谋公益。
>
> 没有比所谓"平等"更不平等的。（以上西塞罗语）
>
> 国家愈腐败，法令愈滋章。
>
> 恨我们所害过的人，这是人性。（以上塔西陀语）

到处都去过的人一处也没有去过。

小债成恩，大债成仇。（以上塞内加语）

要在愚人面前显得学问，在学问的面前就显得是愚人。

如果我们让妇女们和我们平等，她们马上就要占我们上风。（以上昆提利安语）

妻下于夫，这是平等婚姻的唯一路径。（马提尔阿利斯语）

一国的格言可以见出一国的国民性，罗马人最关心政治伦理，所以这方面的格言比较多。

格言贵在简隽，在产生时就有两重目的：一是实用的，经验之语取便于记忆的形式，可以做生活的指南；一是艺术的，本是平易近人的道理，因为表达的方式简短而隽永令人一听到就觉得喜欢，类似一般文学作品的欣赏。它仿佛是一种敷着糖壳的药丸，药取其可医病，糖壳取其甘旨适口，使人乐于接受。普通讲道理的话，尤其是关于道德生活的，最易流于平板枯燥。格言隽语的长处就在把平常的道理说得不平板枯燥。世界各国的道德家言大半取 aphorisms 的形式，用意都在便于记忆与便于流传。最显著的例子是希伯来民族的"箴言"（见《旧约》）和中国的"贤文"。

格言隽语本来都属于随感录一类，但是就一般而论，随感录比格言隽语较长，尤其在近代事例中，也比格言隽语较易见出作者的个性。最早的例子要推罗马皇帝马尔库斯·奥勒利乌斯（Marcus Aurelius）的《冥思录》，摘译数则如下：

我们所说所做的大部分都不必要，如果把这些抛开不说不做，我们就有较多的闲暇和较少的烦恼。因此，在每一时候，一个人应自问："这是否属于不必要的一类呢？"他不仅要抛开不必要的举动，还要抛开不必要的思想，免得有不必要的举动跟着来。

甲替旁人做了一件功德事，就以为这是一种恩惠而居功自喜。乙不居功自喜，心里却仍把那人看成受惠者，自己知道自己做了什么。丙连自己做了什么也不知道，做了就算做了，如同葡萄结实。结了实就不追究其他，正如一匹马走完了路程，一条狗攫获了猎品，一只蜂酿成了蜜，一个人做成了一件好事，并不要叫旁人来瞧，而只往下做另一件好事，像葡萄到了另一个季节就结另一批果实。

人们找退隐的地方就到乡下别墅，海边或是山里，而你也常存这个愿望。但是这样做就足见这种人最平庸，因为无论什么时候，你都可以自己作主，退隐到你自身里面去。一个人退隐到自己的心灵里去，比退隐到任何地方都比较清静，较不受尘忧俗累的侵扰，尤其是他的内心里如果有一种思致，省察那种思致就马上踏进完全静穆的境界。所以你要时常让你自己有这种退隐，时常更新你自己；并且你所想的道理须是简而要，每逢你回头去省察它们，它们就够把你的心灵完全洗净，把你送还到你须回去应付的事情上，丝毫不存一点不乐意的心情。

从这几个例子看，作者在心理原型上是属于"内倾"的一种，喜欢朝自己的内心里面去看。他的这部《冥思录》是开头就说明白是"为自己写的"，本无心问世，所以不存客套，自言自语似地把心事话说出来，这种作风已开近代日记体的先河，它的特点在切己或亲密（intimate），后来在比较近代的随感录一类文章中日益显著。

随感录（下）
——小品文略谈之二

　　人类思想和语文都逐渐由简朴而繁富，随感录一类文章的特色在简朴而隽永，所以古代人只要寥寥数语就可以了事。不过近代人也有一个特殊倾向，宜于在随感录方面发展，就是他们比古人较锐意求精巧，不惜钩心斗角雕章琢句，一方面炫耀自己的才智，另一方面博取听者的惊心夺目。在欧洲，这倾向在第十七八世纪的法国最为显著，法国人承继拉丁的"清晰"的理想，思想最尖锐而语文也最灵活，思想尖锐的人们最容易窥探深心的秘奥，也最容易取刺讥或打诨的态度，本着这种民族思想与语文的特性，法国人比较会把一个道理或一种心情轻描淡写地表达出来，显得既委婉（elegant）而又有锋芒（pointed）。在十七八世纪，法国社会在客厅里聚谈的风气很盛，一个人能否成功成名颇要看他在客厅里话谈得漂亮不漂亮，所谓漂亮并非指滔滔雄辩，而是指微妙精巧，耐人寻味，话不在多，却要实在能动听，这恰是随感录一类文章所要做到的，而

法国人对此在客厅谈话中都有娴熟的训练，所以随感录在近代
法国特别成功，法国人也替这类作品奠定了一个极恰当的名
称，这就是 pensees，意谓"所感想的"，提起这个名称，我们
当然要想到帕斯卡尔（Pascal），在他以前，蒙田（Montaigne）
已经写过一些近似随感录的文章，不过篇幅较长，归到"试
字"（essay）一类较妥。帕斯卡尔才是法国随感录体裁的真正
的典型，现在摘译数则以见一斑：

> 人愈有智慧就发现愈多的优异的人，平常人见不出人
> 与人的分别。
>
> 莫说我没有新鲜话可说：材料的处置总是新鲜的，好
> 比玩手球，你和我们玩的同是一个球，可是我把它摆布得
> 比较好。
>
> 自然本色的文章风格令人惊而且喜，因为人本来指望
> 看见一个作家，所发现的却是一个人。
>
> 克莉奥佩特拉①的鼻子如果短一分，全世界就会为之
> 改观。
>
> 你为什么杀我？——什么？你不是住在河那边吗？朋
> 友，你如果住在河这边，我就算是杀人犯，这样杀你就不
> 公平；但是你既然住在河那边，而我是一个好汉，杀你就
> 是公平。

---

① 非洲皇后，叫几位罗马大将倾倒。

人只是一棵芦苇，自然界最脆弱的，但是一棵运用思想的芦苇，要摧毁他，无须全宇宙都武装起来，一股气，一滴水，都够致他死命，但是在宇宙摧毁他时，人依然比摧毁者较高贵，因为他知道自己死，知道宇宙比他占便宜；而宇宙却毫不知道。

这无穷空间的无终寂静使我颤栗。

第一流随感录的作者往往同时具备哲学家与诗人两重资格，帕斯卡尔可以为证，惟其是哲学家，才能看得高远也看得微细；惟其是诗人，才能融情于理，给它一个令人欣喜而且不易忘记的表现方式。

和帕斯卡尔同时的还有一位拉罗什富科公爵，写过一部《箴言录》（La Rochefoucauld：*Maximes*），在随感录体裁中也久已成为一部经典。这是一位老于世故者，对于人性的较不光荣的一方面特别看得清楚，例如：

自尊心在一切谄媚者之中是最大的一个。

情欲往往产生和它们相反的情欲：贪吝有时生奢侈，奢侈也有时生贪吝；人有时强硬由于软弱，大胆由于怯懦。

我们都有足够的力量忍受旁人的痛苦。

有些过失如果我们自己不犯，我们看到旁人犯了，就不会那样高兴。

伪善是罪恶向德行所致的敬礼。

多数人爱公正只怕是自己受到不公正。

人人都埋怨自己的记忆力不好，没有人埋怨自己的判断力不好。

我们太惯于对旁人作伪，结果对自己也就作伪了。

愚蠢往往保护我们不受聪明人的欺骗。

全书简直是一部性恶论，与一般道德家言是两回事。随感录一类文章本宜于在简洁中露锋芒，带一点刺讥的辛辣性容易显得干脆而生动。说坏话要俏皮容易，说好话要俏皮难，难在不落平凡，一落平凡，便失去这类体裁的长处。

随感录在法国最为发达，作者如林，伏尔泰（Voltaire）、香孚（Chamfort）和沃维纳格（Vauvenargues）都是所谓"以言语妙天下"的。较晚起的犹伯尔（Goubert）特别值得提及。他自己说过："如果世间有人呕尽心肝要把一部书的话写成一页，一页的话写成一句，一句的话写成一个字——那就是我。"

英国方面随感录作者也很多。斯密斯教授（L. P. Smith）曾辑有一部选本，并且做了一篇论文介绍。对这类文章有兴趣的人们可以问津于此。德国方面诗人歌德也是随感录的高手，此外叔本华、尼采诸哲学家亦时有隽语。大约英国人重实际，随感录中世故语者多；德国人富于玄想，随感录中诗意哲理居多。不过这两国语文都比法文重拙，所以随感录这类体裁并非这两国人的特长所在。本文意在说明这类体裁的特点，不在穷溯它的历史，所以姑且从略。

　　培根说过，有些书是供咀嚼的。随感录主要地是供咀嚼的书。虽是零篇断简，它们是长久涵养的结晶，读者须优游涵泳，有证于经验，有奖于心怀，才能吸收它们的好处。它们不是茶余酒后的消遣，也不是"锲而不舍"的正经功课。唯其如此，当你一气读下去的读品，它们颇像珍味杂陈，不免令人腻味。作者原不是一气写下去，读者也就不宜一气读下去，最好今日东取一鳞，明日西取一爪，有时间仔细玩索。它们可供咀嚼，却也只能当作小点心咀嚼。

悲 剧 与 人 生 的 距 离

　　莎士比亚说得好：世界只是一座舞台，生命只是一个可怜的戏角。但从另一意义说，这种比拟却有不精当处。世界尽管是舞台，舞台却不能是世界。倘若坠楼的是你自己的绿珠，无辜受祸的是你自己的伊菲革涅亚，你会心寒胆裂。但是她们站在舞台时，你却袖手旁观，眉飞色舞。纵然你也偶一洒同情之泪，骨子里你却觉得开心。有些哲学家说这是人类恶根性的暴露，把"幸灾乐祸"的大罪名加在你的头上。这自然是冤枉，其实你和剧中人物有何仇何恨？

　　看戏和做人究竟有些不同。杀曹操泄义愤，或是替罗密欧与朱丽叶传情书，就做人说，自是一种功德；就看戏说，似未免近于傻瓜。

　　悲剧是一回事，可怕的凶灾险恶又另是一回事。悲剧中有人生，人生中不必有悲剧。我们的世界中有的是凶灾险恶，但是说这种凶灾险恶是悲剧，只是在修辞用比譬。悲剧所描写的固然也不外凶灾险恶，但是悲剧的凶灾险恶是在艺术锅炉中蒸馏过来的。

像一切艺术一样，戏剧要有几分近情理，也要有几分不近情理。它要有几分近情理，否则它和人生没有接触点，兴味索然；它也要有几分不近情理，否则你会把舞台真正看作世界，看《奥瑟罗》回想到自己的妻子，或者老实递消息给司马懿，说诸葛亮是在演空城计！

"软玉温香抱满怀，春至人间花弄色，露滴牡丹开"，淫词也，而读者在兴酣采烈之际忘其为淫，正因在实际人生中谈男女间事，话不会说得那样漂亮。俄狄浦斯弑父娶母，奥瑟罗信谗杀妻，悲剧也，而读者在兴酣采烈之际亦忘其为悲，正因在实际人生中天公并未曾濡染大笔，把痛心事描绘成那样惊心动魄的图画。

悲剧和人生之中自有一种不可跨越的距离，你走进舞台，你便须暂时丢开世界。

悲剧都有些古色古香。希腊悲剧流传于人间的几十部之中只有《波斯人》一部是写当时史实，其余都是写人和神还没有分家时的老故事老传说。莎士比亚并不醉心古典，在这一点他却近于守旧。他的悲剧事迹也大半是代远年淹的。十七世纪法国悲剧也是如此。拉辛在《巴雅泽》（*Bajazet*）序文里说，"说老实话，如果剧情在哪一国发生，剧本就在哪一国表演，我不劝作家拿这样近代的事迹做悲剧"。他自己用近代的"巴雅泽"事迹，因为它发生在土耳其，"国度的辽远可以稍稍补救时间的邻近"。莎士比亚也很明白这个道理。《奥瑟罗》的事迹比较晚。他于是把它的场合摆在意大利，用一个来历不明的黑面将军做主角。这是以空间的远救时间的近。他回到本乡本土搜材料时，他心焉向往的是李尔王、麦克白一些传说上的人物。这是以时间的远救空间的近。你如果不相信这个道理，让孔明脱去他的八卦衣，丢开他的羽扇，穿西装吸雪茄烟登场！

悲剧和平凡是不相容的，而在实际上不平凡就失人生世相的真面目。所谓"主角"同时都有几分"英雄气"。普罗米修斯、哈姆雷特乃至于无恶不作的埃及皇后克莉奥佩特拉都不是你我凡人所能望其项背的，你我凡人没有他们的伟大魄力，却也没有他们那副傻劲儿。许多悲剧情境移到我们日常世界中来，都会被妥协酿成一个平凡收场，不至引起轩然大波。如果你我是俄狄浦斯，要逃弑父娶母的预言，索性不杀人，独身到老，便什么祸事也没有。如果你我是哈姆雷特，逞义气，就痛痛快快把仇人杀死，不逞义气，便低首下心称他做父亲，多么干脆！悲剧的产生就由于不平常人睁着大眼睛向我们平常人所易避免的灾祸里闯。悲剧的世界和我们是隔着一层的。

这种另一世界的感觉往往因神秘色彩而更加浓厚。悲剧压根儿就是一个不可解的谜语，如果能拿理性去解释它的来因去果，便失其为悲剧了。善有善报，恶有恶报，是人类的普遍希望，而事实往往不如人所期望，不能尤人，于是怨天，说一切都是命运。悲剧是不虔敬的，它隐约指示冥冥之中有一个捣乱鬼，但是这个捣乱鬼的面目究竟如何，它却不让我们知道，本来他也无法让我们知道。看悲剧要带几分童心，要带几分原始人的观世法。狼在街上走，枭在白天里叫，人在空中飞，父杀子，女驱父，普洛斯彼罗呼风唤雨，这些光怪陆离的幻相，如果拿读《太上感应篇》或是计较油盐柴米的心理去摸索，便失其为神奇了。

艺术往往在不自然中寓自然。一部《红楼梦》所写的完全是儿女情，作者却要把它摆在"金玉缘"一个神秘的轮廓里。一部《水浒》所写的完全是侠盗生活，作者却要把它的根源埋到"伏魔之洞"。戏剧在人情物理上笼上一层神秘障，也是惯技。梅特林克的《普莱亚斯和梅丽桑德》写叔嫂的爱，本是一部人间性极重要的悲剧，作者却把场合的空气渲染得阴森冷寂如地窖，把剧中人的举止言笑描写得如僵尸活鬼，使观者察觉不到它的人间性。邓南遮的《死城》也是如此。别说什么自然主义或是写实主义，易卜生写的在房子里养野鸭来打的老头儿，是我们这个世界里的人物么？

像一切艺术一样，戏剧和人生之中本来要有一种距离，所以免不了几分形式化，免不了几分不自然。人事里哪里有恰好分成五幕的？谁说情话像张君瑞出口成章？谁打仗只用几十个人马？谁像奥尼尔在《奇妙的插曲》里所写的角色当着大众说心中隐事？以此类推，古希腊和中国旧戏的角色戴面具，穿高跟鞋，拉了嗓子唱，以及许多其他不近情理的玩艺儿都未尝没有几分情理在里面。它们至少可以在舞台和世界之中辟出一个应有的距离。

悲剧把生活的苦恼和死的幻灭通过放大镜，射到某种距离以外去看。苦闷的呼号变成庄严灿烂的意象，霎时间使人脱开现实的重压而游魂于幻境，这就是尼采所说的"从形相得解脱"（redemption through appearance）。

《雨天的书》 *

　　周先生在《自序》里说："今年冬天特别的多雨。……想要做点正经的工作，心思散漫，好像是出了气的烧酒，一点味道都没有，只好随便写一两行，并无别的意思，聊以对付这雨天的气闷光阴罢了。"这是《雨天的书》命名所由来。从这番解释看来，"书"与"雨"像是偶然的凑合；但是实际上这并非偶然，除着《雨天的书》，这本短文集找不出更恰当的名目了。

　　这书的特质，第一是清，第二是冷，第三是简洁，你在雨天拿这本书看过，把雨所生的情感和书所生的情感两相比较，你大概寻不出分别，除非雨的阴沉和雨的缠绵。这两种讨人嫌的雨性幸而还没渗透到《雨天的书》里来。

　　在《苍蝇》篇里，作者引了小林一茶的一句诗："不要打

＊　周作人的作品，1925年由北京新潮社出版。

啊，苍蝇搓他的手，搓他的脚呢。"他接着说："我读这一句常常想起自己的诗觉得惭愧，不过我的心情总不能达到那一步，所以也是无法。"在《自序》里，谈到这个缺憾，他归咎于气质境地说："我近来作文极慕平淡自然的景地。但是看古代或外国文学才有此种作品，自己还梦想不到有能做的一天，因为这有气质境地与年龄的关系，不可勉强。像我这样褊急的脾气的人，生在中国这个时代，实在难望能够从容镇静地做出平和冲淡的文章来。"丁敬礼说："文之工拙，吾自知之，后世谁相知定吾文者！"我们读周先生这一番话，固然不敢插嘴，但是总嫌他过于谦虚，小林一茶的那种闲情逸趣，周先生虽还不能比拟，而在现代中国作者中，周先生而外，很难找得第二个人能够做得清淡的小品文字。他究竟是有些年纪的人，还能领略闲中清趣。如今天下文人学者都在那儿著书或整理演讲集，谁有心思去理会苍蝇搓手搓脚！然而在读过装模作样的新诗或形容词堆砌成的小说（应该说"创作"）以后，让我们同周先生坐在一块，一口一口地啜着清茗，看着院子里花条虾蟆戏水，听他谈"故乡的野菜""北京的茶食"，二十年前的江南水师学堂，和清波门外的杨三姑一类的故事，却是一大解脱。

周先生说自己是绍兴人，没有脱去"师爷气"。他和鲁迅是弟兄，所以作风很相近。但是作人先生是师爷派的诗人，鲁迅先生是师爷派的小说家，所以师爷气在《雨天的书》里只是冷，在《华盖集》里便不免冷而酷了。《雨天的书》里谈主义和批评社会习惯的文字露出师爷气最鲜明——尤其是从《我们的敌人》至《沉默》（95 页至 196 页）二十几篇。这二十几篇文章未尝不好，但在全书中，未免稍逊一筹。作者的谐趣在本书前半表现得最好。比方《死之默想》篇中有一段说：

> 苦痛比死还可怕，这是实在的事。十多年前，有一个远房伯母，十分困苦，在十二月底想投河寻死（我们乡间的河是经冬不冻的），但是投了下去，她随即走了上来，说是因为水太冷了。

这就是我所谓"冷"。他是准备发笑的，可是笑到喉头就忍住了。有时候他也忍不住，要流露在面孔上来，比方他批评反对泰戈尔来华的人说：

> 这位梵志泰翁无论怎么样了不得，我想未必能及释迦文佛，要说他的演讲于将来中国的生活会有什么影响，我实在不能附和——我悬揣这个结果，不过送一个名字，刊几篇文章，先农坛真光剧场看几回热闹，素菜馆洋书铺多一点生意罢了，随后大家送他上车完事，与罗素、杜威（杜里舒不必提了）走后一样。然而目下那些热心的人急急皇皇奔走呼号，好像是大难临头，不知到底怕的是什么。

这里他虽然好奇似的动了一动，却是还保存着一种轻视的冷静。

作者的心情很清淡闲散，所以文字也十分简洁。听说周先生平时也主张国语文欧化，可是《雨天的书》里面绝少欧化的痕迹。我对于国语文欧化颇甚怀疑。近代大批评学者圣伯夫（Sainte Beuve）说《罗马帝国衰亡史》著者吉本（Gibbon）的文字受法国的影响太深，所以减色不少。英、法文构造相似，法文化的英文犹且有毛病。中文与西文悬殊太远，要想国语文欧化，恐不免削足适履。我并非说中文绝对不可参以欧化，我以为欧化的分量不可过重，重则佶屈不自然。想改良国语，还要从研究中国文言文中习惯语气入手。想做好白话文，读若干上品的文言文或且十分必要。现在白话文的作者当推胡适之、吴稚晖、周作人、鲁迅诸先生，而这几位先生的白话文都有得力于古文的处所（他们自己也许不承认）。我们姑且在《雨天的书》中择几段出来：

> 我从小知道"病从口入祸从口出"的古训，后来又想溷迹于绅士淑女之林，更努力学为周慎。无如旧性难移，燕尾之服终不能掩羊脚，检阅旧书，满口柴胡，殊少敦厚温和之气。呜呼，我其终为"师爷派"矣乎？虽然，此亦属没有法子，我不必因自以为越人而故意如此，亦不必自因其为学士大夫所不喜而故意不如此。我有志为京兆人，而自然乃不容我不为浙人，则我亦随便而已耳。——《雨

天的书》第5页。

　　妻同我商量，若子的兄姊十岁的时候，都花过十来块钱，分给佣人并吃点东西当作纪念，去年因为筹不出这笔款，所以没有这样办，这回病好之后，须得设法来补做，并以祝贺病愈，她听懂了这会话的意思，便反对说，"这样办不好。倘若今年做了十岁，那么明年岂不就是十一岁么？"我们听了，不禁破颜一笑。——第33页。

　　喝茶当于瓦屋纸窗之下，清泉绿茶，用素雅的陶瓷茶具，同二三人共饮，得半日之闲，可抵十年的尘梦。喝茶之后，再去继续修各人的胜业，无论为名为利，都无不可，但偶然间片刻优游乃正亦断不可少，中国喝茶时多吃瓜子，我觉得不甚适宜；喝茶时可吃的东西应当是清淡的茶食。……江南茶馆中有一种干丝，用豆腐干切成细丝，加姜丝酱油，重汤燉热，上浇麻油，出以供客，其利益为堂倌所独有。豆腐干中本有一种茶干，今变而为丝，亦颇与茶相宜。——第73页至74页。

稍读旧书的人大约都觉得这种笔调，似旧相识。第一例虽以拟古开玩笑，然自亦有其特殊风味。吴稚晖的散文的有趣，即不外乎此。现在我们不必评论是非，我们只说这种清淡的文章比较装模作样佶屈聱牙的欧化文容易引起兴味些。任凭新文学家们如何称赞他们的"创作"，我们普通的读者只能敬谢不敏地央求道："你们那样装模作样堆字积句的文章固然是美，只是我们读来有些头痛。你们不能说得简单明了些么？"

文学家们也许笑我们浅陋、顽固，但是我们都不管，我们有许多简朴的古代伟大作者，最近我们有《雨天的书》——虽然这只是一种小品。

欧洲书牍示例

在另外一篇文章里我已谈过中国书牍（见文学杂志三卷一期），原想再写一篇谈西方书牍以资参较，但是把材料搜集起来，真有"一部二十四史从何说起"之感。从罗马时代一直到现在，西方作者以书牍著名的多得简直不可胜数，而且西方人一向看重书牍这个艺术，凡是值得读的信札大半都印行出来了一个人可以有几厚册之多。这究竟如何谈呢？谈中国书牍，我们不必处处征引原文，读者可以自己依着所谈到的去翻阅原著，至于西方书牍还没有一部好的选译本，读者对于它们是陌生的，只是一些人名书名决不能引起兴趣。但是谈到书牍，西方的又不能置之不谈，它们有许多优点是中国书牍所没有的。中国书牍，像我们已经谈过的，不是取法于六朝骈俪，就是取法于唐宋古文，如踩高跷行路，如拉腔调说话，都难免有几分做作；西方书牍就不然，它们自古就奠定了一种家常亲切的风格，有如好友对面谈天，什么话都可以说，所谓"称心而言"，言无不尽。我们读这种书牍，不但对于所说的事情一目了然，而且对于作者的性格和写信时的兴致都有一个活跃的印象。书牍的功用本来是代替面谈，必须有这种家常亲切的风味才能引人入胜。我们如果多读一些西方杰作，或许可以矫正中国书牍以往那种板面孔拉腔调的习气。所以这题目虽是难谈，却仍不能不谈。既不能原原本本地谈，我想最简便的办法是选择三两篇代表的书牍，就它们略加释评。这虽是以一斑窥全豹，究竟还比凭空立论较能给读者一个具体的印象。我选的三篇是西塞罗写给庇塔斯的，塞维尼夫人写给她的女儿的，和济慈写给赫塞的。第一篇代表纪元前一世纪的罗马，第二篇代表十七世纪的法国，第三篇代表十九世纪的英国。时代、国籍、性别以及信的内容都各各不同。为了篇幅限制，长信无法采入。本文的用意只在让读者知道一点西方书牍的风味，因而引起多阅读这类作品的兴趣。

一 西塞罗给庇塔斯的信

据圣茨伯里（Saintsbury）的看法，欧洲书牍达到文艺的地位是从罗马时代起。罗马人特重演说修词，因为在他们的民主政体中，这是获取政权的敲门砖。尤其是在纪元前一世纪左右，罗马在鼎盛时代，文艺的发达登峰造极，书牍的素质也因之提高。当时书牍圣手有两人，一是西塞罗（Cicero），一是普林尼（Pliny），就中西塞罗尤其是首屈一指。西塞罗凭他的演说的才能一跃而为罗马三执政之一，周旋于恺撒与庞培之间，在当时算是一位风云人物。他最为世人所推重的当然是他的演说词和哲学对话，但是他的信札现存的还有八百封之多，在他的作品中也占很重要的地位。现在姑译他写给庞塔斯（Papirius Paetus）的一封为例：

　　你的信给我双重的欣慰：它不仅叫我顶开心，而且也证明贵恙已康复，才能像你向来那样高兴热闹。你拿我来开玩笑，我倒不怪，本来我屡次向你挑衅，理应惹起你这一次的严酷的讥嘲。我只抱歉我为事所阻，不能如原来所打算的来登门造访，来做尊府的一分子，不仅做一个客，我若是真来了，你会看出我和从前大不相同了，那时候你老是拿败味的点心来塞我。现在我却谨慎地留肚子赴筵席，顶豪气地冲过来到面前的每一盘菜，从打前锋的鸡蛋一直到殿军的烤牛肉。你从前所夸奖的那位节约的不耗费的客人现在已过去了。我对爱国志士的一切忧虑都完全告别，并且和我的过去主张的仇敌合伙了：总之，我已经变成一个十足的享乐派哲学家了。可是你却不要以为我赞成近代宴享的流行风气，只图无抉择的丰盛，我们赏识的是较秀雅的奢豪，像从前你在经济状况较好时所常摆出的，不过当时你的田产也并不比现在多。所以请你准备着依这种情形来款待我，请记起你所款待的那一位不仅有顶大的食量，而且对于"食不厌精"的道理，让我告诉你，也很懂得一点，你明白，凡是晚来才动手研究任何一种艺术的人通常都带有一种特别的自足的神气。所以你不会觉得奇怪，如果我告诉你须把你的那些饼子和甜食扔掉，那些东西在一切时髦的菜单里现在已经完全不适用了。我对于吃的学问确实已很内行，所以常敢请你的那批讲究精致的朋友像V和C那样雅人来吃饭。还不仅此，我还更大胆，我请过霍提斯①本人来吃晚饭，不过我得承认，我还不曾前进到请他吃孔雀。说句老实话，我的老实的厨夫还没有本领能仿制他的那种盛馔，只能仿制他的烟熏汤。

关于我的生活情状，我可以约略奉告。在早晨头一部分时间我会晤来问候的客人，其中有垂头丧气的爱国志士，也有欢天喜地的胜利者，后一批人待我尤其敬礼有加。这套礼节完了，我就退到我的书房，看书或是写作。这里我往往被一群听众包围着，他们把我看成一位顶有学问的人，也许只是因为我还不像他们自己那样愚昧。此外的时间我都花在与学问无大关系的事情上。我对我的不幸的国家已忧愁够了，我为着国家的苦难太息流涕，还胜过慈母哭独子的夭亡。

因为你想防备你所储藏的酒肴落到我的手里，我请你加意珍卫。我丝毫不客气地抱定了决心，不让你托病拒绝我"揩你的油"。祝你安好。

---

① 当时著名的讲究吃的人。

这是一封敲朋友竹杠要他请客的信。我们要记起西塞罗已经当过罗马执政，文学声誉满天下，而且是年近老迈的人，看他的那副诙谐口吻简直像一个血气方刚的热心于酒食游戏相征逐的少年。罗马人讲究生活安逸的风气，友朋宴享的情形，以及西塞罗自己的性格，他的自足和自恃他对于文艺的勤勉以及他对于政治的灰心，在这封短简里都表现得很明显。最难得的是他不扮面孔，不摆架子，不打官话，自己站在一个平常人的地位，把对方也当作一个平常人，和他不拘形迹地谈家常话，读之如闻其语，如见其人。西塞罗的时代是纪元前一世纪，约当于中国西汉武昭时代。我们把西汉书牍和他的书牍相较，他的就"近代的"多，第一是他的话不那样简约，其次是他的口吻不那样古板正经。他比较富于"人气"，也比较富于现实性。我们觉得他不是另一个圈子中人，和我们平常人比较接近。他替欧洲书牍奠定了亲切家常的正轨，一直到现在，欧洲书牍作者从来没有抛弃这个正轨，走到类似中国骈俪或古文的那种弯曲的途径。

二　塞维尼夫人给她的女儿的信

如果一国书牍只推出一个选手，在任何国家这都不易办到，可是在法国推出塞维尼夫人（Madame De Sevigne）大概不会引起异议。她没有旁的著作，她写过四十多年的信，而这些信在法国书牍中是一座最高的纪念坊，有许多条件使她成为书牍圣手：她生在路易十四时代，那是文学风气最盛的时代；她生在贵族，受过很理想的教育，会写文章，也熟悉她所写的材料——当时朝廷中的轶闻；写信代替面谈，擅长谈话的人往往也擅长书牍，十七八世纪欧洲人最讲究谈话的艺术，尤其是"沙龙"中的贵妇；塞维尼夫人有一个最宠爱的女儿嫁到法国一个偏僻的城市，当时报章未发达，她须天天把巴黎的新闻传给爱女。有了这些因缘她于是在高乃依、拉辛、莫里哀诸人所照耀的文坛分得一席，现在就她给女儿的信中摘译一封最为人所熟知的：

> 女儿，许多年以前的今天，有一个人来到这世间，注定了要爱你甚于爱一切，请你不用左猜想，右猜想，那人就是我自己[1]。过去三年，我受尽生平最大的痛苦：你离开我到普罗温斯，现在你还留在那里。如果我要历陈别来一切的苦楚，我的信就会很长。……今天我提笔给你写信，比平日稍早一点。C先生和M小姐在这里，我请他们吃了饭，我要去听摩利的一部小歌剧……

> 冉恩的主教昨天由圣觉曼地方回来，走得顶快，简直像一阵旋风，他自以为是一个了不起的大人物，他的随从们更以为他是这样。他们通过浪特尔[2]，辔拉，辔拉，辔

---

[1] 这封信是1674年2月5日写的，正逢塞维尼夫人的生辰。

[2] 巴黎塞因河区。

拉！他们碰着一个人骑着马，卡达，卡达①！这位可怜的
家伙想让路，可是他的马不肯；结果车子和六匹马把那单
人单马撞倒，就走人马身上滚过，人马正在车下，弄得那
车子翻来覆去，在这时候那单人单马不想拿被碾断肢体来
开心，奇巧得很，爬了起来，人骑上马，一溜烟似地尽
往前跑，主教的仆人和车夫，连主教自己，都大声号喊：
"站住，让这王八蛋站住，打他一百鞭！"主教谈起这件
事，还说："若是我抓住这个坏东西，我一定砍断他的胳
膊，割去他的耳朵"……

以后是一些普通问讯的话。这封信与西塞罗的信在家常亲
切上又进了一步。西塞罗还有意做文章，把许多话故意说得俏
皮；塞维尼夫人写就恰如谈话，像一个多话的老太婆谈话，只
要是她觉得有趣的，无论大事小事，都拉杂地扯在一起，说得
唠叨不休。可是她也是一个有训练的谈话家，尽管无意做文
章，而文章仍是写得干净而生动。看她叙述主教车撞翻人马那
一段，用很简单的几句话把一幕喜剧以及剧中人物写得多么活
灵活现！同时她对于主教的讽刺既委婉而又尖锐，我们可以想
象到她的微笑，她的活泼伶俐的贵妇的面孔，以及那副面孔所
表现的心灵。通常人写信如罗文，总是苦于无话可说；真正会
写信的人会发现到处都是可说的话，俯拾即是——甚至不值得

———————————

① 辖拉状车轮声，卡达状马蹄声。

说的话他们也会说得津津有味。塞维尼夫人的信就是如此。女人的感觉通常都比较细腻，女人的话通常也比较唠叨琐碎，这种特点最宜于家常亲切的书牍，所以西方有许多有名的书牍家都是女人。

三　济慈给赫塞的信

依一般见解，英国书牍的鼎盛时代是十八世纪，一则因为那是英国散文的黄金时代，一则因为当时谈话与写信都是很流行的消遣，作家对此都很讲究。有名的书牍家如蒙特邈夫人、蒲伯、斯威夫特、格雷、华尔浦尔、柯珀诸人的作品都是一般人所爱读的。我们在这里不在十八世纪选代表，因为当时英国书牍像一般文学一样，受法国的影响很深，他们的特点与优点在塞维尼夫人所代表的那种风格中都已经见出，那就是轻便活跃，偏重浮面的人事的描写与叙述。我们想说明欧洲书牍的一个较新的方向，就是主观的、内省的、沉思的那个方向（在近代小说、诗、日记乃至于戏剧各种体裁中都有这种倾向），所以选择诗人济慈（Keats）给赫塞的一封。济慈的长诗《月神曲》出版以后，大受守旧派批评家攻击，有人公布两信替他辩护，他的好友赫塞（Hessey）把这些信寄给他看，他回了这封信：

　　我对替辩护的那些先生们不能不感激，此外咧，我对
自己的短长得失已开始有一点认识。——若是一个人对于

美有不分彼此的爱好，使他对于他自己的作品成为严厉的批评者，世间毁誉对于他就只能如过眼云烟。我的自我批评所给我的苦痛是远非《黑树》和《季刊》①的攻击所能比拟的。——也就为着这个缘故，我如果觉得自己对，旁人赞赏也不能给我像我私自欣赏真正好的东西时所感到的那种快慰，某君关于不修边幅的《月神曲》的话全是对的。它是如此，却不是我的过错。不是！这话听起来虽然有一点离奇。我的能力只能做到那样好——单凭我自己来做。如果我勉强求它完美，因而请人指教，战战兢兢地写每一页，它就不会写成；因为暗中摸路并不是我的本性——我要独立自主地写作。以往我独立自主地无审辨地写作，此后我可能独立自主地有审辨地写作。诗的精灵必须在一个人身上找到它自己的解救。它所借以成熟的不是法律和教条，而是感觉和醒觉本身。——是创造的东西就须创造它本身。在《月神曲》里我抱头直跳进大海，因此我摸熟了其中的深浅、流沙和礁石；如果我停留在青葱的海岸上，吹一支空洞的笛子，喝茶，采纳舒适的忠告，我就不能摸熟这些，我从来不怕失败：我宁愿失败，不愿不厕身于最伟大的作者之林。但是我一说话近于说大话了，罢了，请致意 T 与 W 诸君。

---

① 攻击济慈的两个杂志。

拜伦曾经散播了一种谣言，说济慈是被批评家们气死的。读了这封信，我们就知道那些是谣言，也就知道济慈是怎样坦白，镇定，谨严，冥心孤往，只知效忠于诗而不顾忌世人的毁誉。他要冒险深入，宁愿失败而不愿做些看来没有毛病而实肤浅轻巧的作品来博好评。在这短短的一封信里我们可以看出他的心的光与力以及他的独立不倚的诗艺主张。他不作态——有意谦虚或是有意骄傲——他只坦率地恰如其分地说明他的见地，同时也显出他的心境，而那心境是与杜甫写"文章千古事，得失寸心知"两句时的心境略相仿佛。济慈对于诗下过极刻苦的工夫，他在这里是以过来人的资格自道甘苦，所以看来虽是冷淡，却仍极亲切。拿这种语言来比较中国许多谈诗文的书牍，我们就会觉得那些皇皇大文常不免有"门面语"。

以上寥寥三例在欧洲书牍中只是太仓一粟，但是欧洲书牍的风味于此可略见一斑。它们的特色，像我们已经一再指出的，是家常亲切，平易近人。这特色的成因大抵有两种：第一是欧洲文与语的界限不像在中国那样清楚，写的和说的比较接近，所以自然流露的意味比较多；其次是欧洲人的性格比中国人较直率坦白，没有那么重的"头巾气"，有话就说，说就说一个畅快，不那么吞吞吐吐，装模作样的。这种作品对于史学家往往是很可宝贵的文献。对于心理学家也是了解个性所必依据的资料，不仅是对于爱好文艺者是一种富于兴趣的读品，它们的性质与日记最相近；像日记一样，它们的形式常为小说家所利用。欧洲有几部极著名的小说都是用书信体裁写成的，卢梭的《新爱洛绮丝》，理查逊的《克拉丽莎》(*Clarisa Harlowe*)，以及歌德的《少年维特之烦恼》都是著例。

　　不过欧洲书牍的黄金时代似已过去。这有几种原因：近代生活忙迫，没有那么多的闲暇谈不关重要的话；报章发达，许多新闻用不着借私信传递；邮电工具进步，近地方可以通电话，远地方可以打电报，写信的必要就去了一多半，而且近代人面前都有一座打字机，对着打字机写信总不免有几分"公事"意味，信笔直书的那种情调和气氛那就荡然无余了，这当然也叫书信减色不少，在近代文明中许多人情味道深厚的东西都逐渐衰谢或冲淡，书牍即其一端。

第四章

书卷多情，感悟与赏析

《望舒诗稿》

　　一个"伴着孤岑的少年人""用他二十四岁的整个的心"，在"晚云散锦残日流金"的时候，"行在微茫的山径"，看他自己的"瘦长的影子飘在地上"，"像山间古树的寂寞的幽灵"。那时寒风中正有雀声，他向那"同情的雀儿"央求："唱啊，唱破我芬芳的梦境"！他抬头望见白云，心里像有什么像白云一样地沉郁，"而且要对它说话也是徒然的，正如人徒然向白云说话一样"。到"幽夜偷偷地从天末来"时，他对"已死美人"似的残月唱"流浪人的夜歌"，祝他自己"与残月同沉"。他是一个"最古怪的"夜行者，"戴着黑色的毡帽，迈着夜一样静的步子"。他"走遍了嚣嚷的酒场，不想回去，好像在寻找什么"。他低声向"飘来一丝媚眼"说，"不是你"，"然后踉跄地又走向他处"。回到家时，他抱着陶制的烟斗，静听他的记忆"老讲着同样的故事"，或是看他的梦"开出娇妍的花"，"金色的贝吐出桃色的珠"；或是坐在"憧憬之雾的青色的灯"下"展开秘藏的风俗画"。这种幸福的夜不是没有它的灾星。他会整夜地作"飞机上的阅兵式"，看"每个爱娇的影子""列成桃色的队伍"，寻不着"什么地方去喘一口气"。

像一般少年，他最留恋的是春与爱。"春天已在斑鸠的羽上逡巡着了"，他"撑着油纸伞，独自彷徨在悠长又寂寥的雨巷"，"希望逢着一个丁香一样地结着愁怨的姑娘"。他问路上的姑娘要"那朵簪在发上的小小的青色的花"，或是和她唱和"残叶之歌"，或是款步过那棵苍翠的松树，"它曾经遮过你的羞涩和我的胆怯"，或是邀她坐江边的游椅说："啮着沙岸的永远的波浪，总会从你投出着的素足撼动你抿紧的嘴唇的"。但是他也经过爱的一切矛盾，虽是"一个可怜的单恋者"，当一个少女开始爱他的时候，他"先就要栗然地惶恐"，他告诉愿"追随他到世界的尽头"的人说："你在戏谑吧！你去追平原的天风吧"！

他是"一个怀乡病者"，他常"渴望着回返到那个如此青的天"。"小病的人嘴里感到莴苣的脆嫩，于是遂有了家乡小园的神往"。但是他有时自慰："因为海上有青色的蔷薇，游子要萦系他冷落的家园吗？还有比蔷薇更清丽的旅伴呢"。因为他有怀乡病，对同病者特别同情。百合子向他微笑着，"这忧郁的微笑使他也坠入怀乡病里"。

这"辽远的国土的怀念者"原来是"青春和衰老的集合体"。他感觉最深刻的是中年人的悲哀。他"只愿在春天里活几朝"，而他"心头的春花已不更开"。他"知道秋所带来的东西的重量"。从前在他耳边低声软语着"在最适当的地方放你的嘴唇"的，他已经记不清是樱子还是谁了。他自觉得是在唱"过时"的歌曲：

> 老实说，我是一个年轻的老人了：
> 对于秋草秋风是太年轻了，
> 而对于春月春花却又太老。

这是《望舒诗稿》里所表现的戴望舒先生和他所领会的世界。这个世界是单纯的，甚至于可以说是平常的，狭小的，但是因为是作者的亲切的经验，却仍很清新爽目。作者是站在剃刀锋口上的，毫厘的倾侧便会使他倒在俗滥的一边去。有好些新诗人是这样地倒下来的，戴望舒先生却能在这微妙的难关上保持住极不易保持的平衡。他在少年人的平常情调与平常境界之中嘘咻出一股清新空气。他不夸张，不越过他的感官境界而探求玄理，他也不掩饰，不让骄矜压住他的"维特式"的感伤。他赤裸裸地表现出他自己—— 一个知道欢娱也知道忧郁的，向新路前进而肩上仍背有过去的时代担负的少年人。他表现出他的美点和他的弱点，他的活泼天真和他的彷徨憧憬。他的诗在华贵之中仍保持一种可爱的质朴自然的风味。像云雀的歌唱，他的声音是触兴即发，不假着意安排的。

戴望舒先生最擅长的是抒情诗，像一切抒情诗的作者，他的世界中心常是他自己。他的《诗稿》中除掉一两首可能例外，如《妾命薄》之类，似全是他自己的生活片段集锦。在感觉方面他偏重视觉，虽然他论诗主张"诗不是某一官感的享乐"；在情感方面他集中于"桃色的队伍"，虽然他有一位留"断指"做纪念的朋友；在想象方面他喜欢搬弄记忆和驰骋幻想，他在"古神祠前"看他的蛛脚似的思量：

> 从苍翠槐树叶上，
> 它轻轻地跃到
> 饱和了古愁的钟声的水上。

　　他在烟卷上笔杆上酒瓶上证实记忆的存在。一般诗人以至于普通人所眷恋的许多其他方面的人生世相似乎和戴望舒先生都漠不相关。读过《望舒诗稿》以后，我们不禁要问：戴望舒先生的诗的前途，或者推广说整个的新诗的前途，有无生展的可能呢？假如可能，它大概是打哪一个方向呢？新诗的视野似乎还太窄狭，诗人们的感觉似乎还太偏，甚至于还没有脱离旧时代诗人的感觉事物的方式。推广视野，向多方面作感觉的探险，或许是新诗生展的唯一路径。归根究竟，作诗还是从生活入手。

　　戴望舒先生所以超过现在一般诗人的我想第一就是他的缺陷——他的单纯，其次就是他的文字的优美。诗人的理论往往不符他的实行。读完《望舒诗稿》之后看到附录的《诗论零札》，我们不免要惊讶。他的开章明义就是：

一、诗不能借重音乐，它应该丢去了音乐的成分。

二、诗不能借重绘画的长处。

他的许多新形式的尝试（如《十四行》《雨巷》《记忆》《烦忧》之类）和许多可爱的描写句不都是这两个原则的反证么？

戴望舒先生对于文字的驾驭是非常驯熟自然，但是过量的富裕流于轻滑以至于散文化，也在所不免。《我的记忆》除头二段以外大半近于 prosaic，《林下小语》中的

> 你到山上觅珊瑚吧，
> 你到海底觅花枝吧；

之类诗句虽然有它的可爱处，也很容易流于轻易。像《生涯》里的

> 人间天上不堪寻。
> 人间伴我惟孤苦。

和《残花的泪》里的

> 寂寞的古园中，
> 明月照幽素，
> 一枝凄艳的残花

对着蝴蝶泣诉。

之类似乎太带旧诗气味了。在《乐园鸟》中，亚当夏娃被逐的花园据说是在"天上"，似亦有斟酌的余地。不过这都是小疵。就全盘说，《望舒诗稿》的文字是很新鲜的，有特殊风格的。

读《论骂人文章》

《论语》第102期有知堂先生的一篇《论骂人文章》，写得极痛快淋漓。他的大意可以从几个警句中看出：

> 骂人的文章可以分两大类，一是为官的，一是为私的。为私的一类……骂法有人称作爬梯子，或曰借头。其办法甚简单，只要挑选社会稍有声名的一二人，狗血喷头地痛骂一番，骂得对不对完全不成问题，只要使人家知道某人这样的被我所骂了就好。……官骂本是自古有之，如历来传旨申饬即是。……统制思想之举在老头儿与其儿子还是同样的爱好，于是官骂事业照旧经营下去。……未开幕以前当然有些筹备，这且不谈，只看突然变动，四面总攻，其攻击不择手段，却有一定公式，这就可以认定是那个来了。……谁被指定挨这官骂的有祸了！他就得准备守，战，或是降，胜总是休想。……守即不理，即兵法上的坚

壁清野，……此最省事，只须持久。战即是回骂。当回骂
之初大约觉得很痛快的，自己喜得还有这样力气舞动大
刀，而且每一刀都劈中敌阵的要害，却不知已中了道儿，
犹如遇见鬼打墙，拳打足踢，气力用尽而墙终如故。……
这类集团的官骂，古有骂工之骂，今有帮行之骂，都是很
厉害的，单身独客，千万注意，沾染不得。

　　这篇文章出世在去年冬天，当时在下读过，不禁拍案叫
绝，以为论骂人文章，到此至矣尽矣。但是自己没有小心记住
知堂先生的警告，这几月来像有"被指定挨官骂"的趋势。"单
身独客"没有"注意"到"帮行之骂"的"厉害"，殊属罪有应
得。祸既临头，守呢？战呢？还是降呢？从理智说，我很能明
白"坚壁清野"最省事。被骂还骂，对于骂者究竟还有相当敬
意，至少是要默认他为敌手。倔强的沉默不仅是省事，而且也
是一种最酷毒的报复。但是这一条路是在下所走不通的，因为
人家对你"狗血喷头的痛骂"时而你仍兀然不动声色，冷着眼
瞧着他现丑态，这需要在下所没有的幽默。至于战，这更不必
谈。打笔墨官司，说得好听一点，不过是闲暇的比赛。骂人总
可以找到罪状，还骂也总可以找到理由。胜负之分，只看谁有
时间与气力能坚持到底，而在下既没有这种时间，又没有这种
气力。无已，其出于降乎！

　　降既非战，又非守，既非还骂，又非不还骂，那究竟是
怎样办呢？俗语有一句说，"向狗嘴巴里讨饶"。降者"讨饶"

之谓也。既云"讨"则必有词。在下的讨饶词或"降表"是为此：

> 骂人者啊，无论你是为官的，为私的，我十分羡慕你，敬佩你，你有那么多的时间和精力。你的目的是很高尚的，英勇的，你需要战胜，征服，显得自己比人高明。你敢于上战场，好汉！你聪明，你不把你的战斗本能发泄在枪林弹雨中，那不免是要丢脑袋的玩意儿，所以你只摇笔杆子喊"打倒""铲除"；实在有势力的人你不骂，就是骂也是隐姓匿名，含沙射影，你择定的挨骂者是你的同行的冤家也只有笔杆子可以抵抗你的。他不抵抗，你自然是胜利；他抵抗，也不过是笔头回敬，你的大名也落得再显露一回，仍是荣耀。你的骂的方法也非常巧妙，狗是趁肥处咬，你却戴着放大镜找疮疤，找到了，死劲地刺它一针，所谓"断章取义"，"深文周纳"，"吹毛求疵"，都是你的惯技。为着要罪状显得凶恶一点，你不怕造一点谣言，找一点似是而非的根据，甚至于被骂者本来是有根据凭证的话，你可以闭着眼睛骂他错误荒谬。比如说，人家说："《最后的晚餐》是用油彩画的"，话本是对的，你可以说"那是一种粉画的，那时根本就没有油画！"你不必有根据，只要你把话说得斩截一点，面上摆出一点自己有确凭确据的神气，那么，错处就显得在人家而不在你了。

> 骂人者啊，我赞扬你许多话，你看我对你多么心悦诚服，你该饶了我吧？如果还不够，让我向你说一点迂腐的话。人人都觉得自己是对的，都看不见自己的错误，老天生人，生来就

让他的眼睛只朝外看。你看旁人荒谬，旁人就难免看你荒谬，是非公道自在人心，有理说理，用不着骂，理是愈平心静气地讨论愈明白的，愈逞气氛乱骂愈糊涂的。再说要打倒旁人让你自己爬起来的话，你也得拿点真货色出来，骂只能浪费你的精力。你在骂时心里不免有几分醋意，要把你的心肝宣揭出来，那就不免令人"掩鼻"。自爱自尊之道甚多，骂不一定是"抬头"的捷径。

骂人者啊，你无论如何，总得要开恩大赦，爱惜你的时间和精力啊！有如在下，胜之不武，何必呢？在下诚惶诚恐，谨奉表以闻。

《桥》

　　废名先生开始写《桥》是 1914 年 11 月，到 1919 年终写完上半部，1921 年在开明书店初版出世。此后他断断续续地写了几章，在《新月》《文学》等刊物发表。据他预定的计划，已出书及陆续发表的部分至多仅占全书的一半，在这几年中完成《桥》的工作一个念头在他心头是一个重负。他近来的兴趣已逐渐由文艺创作转变到他自己所认为更重要的悟理证道一方面去，但仍时时惦念着完成《桥》一件未了心愿。现在他决计费一年左右的光阴把《桥》续成，陆续付本刊发表。趁这个机会，我们就已发表的一部分《桥》来谈谈，借以提醒读者的记忆。

　　读小说的人常要找故事，《桥》几乎没有故事。主角程小林在十二岁那年春夏间放学回家，在路上掐金银花，看见树脚下有一位放牛的小姑娘琴子，就伸手送她一串花。她的奶奶认识小林，和琴子原来有"通家"之谊，于今小林的父亲和琴子的母亲都已去世了，单剩下这两个"孤儿"。于是小林就被邀到史家庄——琴子的家——去玩。上篇所写的就是小林的乡塾生活以及他和琴子来往的"两小无猜"天真烂漫的情状。下篇展开时，小林已经不是在私塾中提笔在水壶上写"程小林之水壶"那个小林了，是走了几千里路回来可以出口就诵莎士比亚的名句的少年公子了。他回到史家庄，久别之后所会见的琴子"无论如何已是昔日之人"，但是"他们俩的会见只费一转眼，而这一转眼傲然是一'点睛'，点在各人久已画在心上的一条龙，龙到这时才真活了，再飞了也不要紧"。琴子之外，他也会见了细竹，当年的"小东西""竟在他的瞳孔里长大了"。她比琴子小两岁，和琴子只是堂姊妹，却"相依为命"，看来像是嫡亲姊妹。下篇所写的就是小林混在这两位姊妹行中度牧歌式的乡村岁月，三月三望鬼火，夜里提灯看桃花，到"头发林"里披发，下河洗衣，编杨柳球，清明上坟，往花红山看映山红，下雨天坐在房里谈草谈山谈伞，上八丈亭佛庙里坐蒲团，画画，裹粽子过端阳。这种快乐的日子在各人心中却都不免掩藏着几分苦恼。细竹始终是天真烂漫，但是心里总觉得和琴子不是嫡亲姊妹。琴子有时"想小林又是同细竹一块儿玩去了，恨不得把这丫头一下就召回来，大责备一顿"。小林回来，称赞"细竹真好比一个春天，一举一动总来得那么豪华"，琴子警告他"以后不要同细竹玩"，"她轻轻这一说又把他说哭了。她也哭了。"上部所给我们的故事线索仅仅如此。

下部只写成了六段。正是早秋。小林、琴子、细竹三人去朝天禄山，天禄山有山有海，有红叶，山上有个鸡鸣寺，他们要在这寺里住一月半月。在山上他们遇见牛大千小千两姊妹，彼此成了情投意合的游伴。牛家姊妹住她们自己的别墅"扫月堂"，离鸡鸣寺不远。他们五人就在这两处往还。以后的事"且听下文分解"了。

我们为读者的方便，把这故事的线索这样抽绎出来，其实它对于全书的了解并不十分重要。这书虽沿习惯叫作"小说"，实在并不是一部故事书。把文学艺术分起类来，认定每类作品具有某几种原则或特征，以后遇到在名称上属于那一类的作品，就拿那些原则或特征为标准来衡量它，这是一般批评家的惯技，也是一种最死板而易误事的陈规。在从前，莎士比亚的悲喜杂糅的诗剧被人拿悲剧的陈规抨击过；在近代，自由诗，散文诗，"多音散文"以及乔伊斯和吴尔夫夫人诸人的小说也曾被人拿诗和小说的陈规抨击过。但是真正的艺术作品必能以它们的内在价值压倒陈规而获享永恒的生命。对于《桥》，我们所要问的不是它是否合于小说常规而是它究竟写得好不好，有没有新东西在里面。如果以陈规绳《桥》，我们尽可以找到许多口实来断定它是一部坏小说；但是就它本身看，它虽然不免有缺点，仍可以说是"破天荒"的作品。它表面似有旧文章的气息，而中国以前实未曾有过这种文章；它丢开一切浮面的事态与粗浅的逻辑而直没入心灵深处，颇类似普鲁斯特与吴尔夫夫人，而实在这些近代小说家对于废名先生到现在都还是陌生的。《桥》有所脱化而却无所依傍，它的体裁和风格都不愧为废名先生的特创。看惯现在中国一般小说的人对于《桥》难免隔阂；但是如果他们排除成见，费一点心思把《桥》看懂以后，再去看现在中国一般小说，他们会觉得许多时髦作品都太粗疏浮浅，浪费笔墨。读《桥》不是易事，它逼得我们要用劳力征服，征服的倒不是书的困难而是我们安于粗浅的习惯。正因为这一层，读《桥》是一种很好的文学训练。

　　像普鲁斯特与吴尔夫夫人诸人的作品一样，《桥》撇开浮面动作的平铺直叙而着重内心生活的揭露。不过它与西方近代小说在精神上实有不同，所以不同大概要归原于民族性对于动与静的偏向。普鲁斯特与吴尔夫夫人借以揭露内心生活的偏重于人物对于人事的反应，而《桥》的作者则偏重人物对于自然景物的反应；他们毕竟离不开戏剧的动作，离不开站在第三者地位的心理分析，废名所给我们的却是许多幅的静物写生。"一幅自然风景"，像亚弥儿所说的，"就是一种心境"。他渲染了自然风景，同时也就烘托出人物的心境，到写人物对于风景的反应时，他只略一点染，用不着过于铺张的分析。自然，《桥》里也还有人物动作，不过它的人物动作大半静到成为自然风景中的片段，这种动作不是戏台上的而是画框中的。因为这个缘故，《桥》里充满的是诗境，是画境，是禅趣。每境自成一趣，可以离开前后所写境界而独立。它容易使人感觉到"章与章之间无显然的联络贯串"。全书是一种风景画簿，翻开一页又是一页，前后的景与色调都大同小异，所以它也容易使人生单调之感，虽然它的内容实在是极丰富。

　　废名先生不能成为一个循规蹈矩的小说家，因为他在心理原型上是一个极端的内倾者。小说家须得把眼睛朝外看，而废名的眼睛却老是朝里看；小说家须把自我沉没到人物性格里面去，让作者过人物的生活，而废名的人物却都沉没在作者的自我里面，处处都是过作者的生活。小林、琴子、细竹三个主要人物都没有明显的个性，他们都是参禅悟道的废名先生。《桥》颇易令人联想到梅特林克的名剧本 Pele a set Melisand，所写的好像也是一种三角恋爱，而氛围气息却没有一点人间烟火气；其中主角虽都是青年，而每人身上却都像背有百岁人的悲哀的重负与老于世故者的彻悟。《桥》是在许多年内陆续写成的，愈写到后面，人物愈老成，戏剧的成分愈减少而抒情诗的成分愈增加，理趣也愈浓厚。

　　"理趣"没有使《桥》倾颓，因为它幸好没有成为"理障"。它没有成为"理障"，因为它融化在美妙的意象与高华简练的文字里面。《桥》的"文章之美"，世已有定评（参看知堂先生的序以及《新月》第四卷第五期灌婴先生的评）。关于这一层，我们只提出两点意思。

　　废名最钦佩李义山，以为他的诗能因文生情。《桥》的文字技巧似得力于李义山诗。举几个例来说。

　　　　蛇出乎草，——孩子捏了蛇尾巴。小小长条黑色的东西，两位姑娘草意微惊。(《路上》)

　　　　渐渐放了两点红霞——可怜的孩子眼睛一闭："我将永

远是一个瞎子。"顷刻之间无思无虑。"地球是有引力的。"莫明其妙的又一句，仿佛这一说苹果就要掉了下来，他就在奈端的树下。(《天井》)

小林站着那个台阶，为一棵松荫所遮，回面认山门上的石刻"鸡鸣寺"三字，霎时间，伽蓝之名为他脱出空华，"花冠间上午墙啼，"于是一个意境中的动静，大概是以山林为明镜，羽毛自见了。(《荷叶》)

这些都是"跳"，废名所说的"因文生情"，而心理学家所说的联想的飘忽幻变。《桥》的美妙在此，艰涩也在此。《桥》在小说中似还未生影响，它对于卞之琳一派新诗的影响似很显著，虽然他们自己也许不承认。

在《树》那一章里小林赞赏细竹的谈话说："厌世者做的文章总美丽。"《桥》的基本情调虽不是厌世的却是很悲观的。我们看见它的美丽而喜悦，容易忘记它后面的悲观色彩。也许正因为作者内心悲观，需要这种美丽来掩饰，或者说，来表现。废名除李义山诗之外，极爱好六朝人的诗文和莎士比亚的悲剧，而他在这些作品里所见到的恰是"愁苦之音以华贵出之"。《桥》就这一点说，是与它们通消息的。在《诗》那一章里，小林问琴子细竹怎么不折花回来。

她们本是说出去折花，回来却空手，一听这话，双双地坐在那桌子的一旁把花红山回看了一遍，而且居然动了探手之情！所以，眼睛一转，是一个莫可如何之感。

古人说："镜里花难折"，可笑的是这探手之情。

我们读完《桥》，眼中充满着镜花水月，可是回想到"探手之情"，也总不免"是一个莫可如何之感"。

《谷》和《落日光》 *

　　像许多青年作家，芦焚先生是生在穷乡僻壤而流落到大
城市里过写作生活的。在现代中国，这一转变就无异于陡然从
中世纪跌落到现世纪，从原始社会搬到繁复纷扰的"文明"社
会。他在二三十年中在这两种天悬地隔的世界里做过居民。虽
然现在算是在大城市里落了籍，他究竟是"外来人"，在他所丢
开的穷乡僻壤里他才真正是"土著户"。他陡然插足在这光彩炫
目喧聒震耳的新世界里，不免觉得局促不安；回头看他所丢开
的充满着忧喜记忆的旧世界，不能无留恋，因为它具有牧歌风
味的幽闲，同时也不能无憎恨，因为它流播着封建式的罪孽。
他也许还是一位青年，但是像那位饱经风霜的"过岭"者，心
头似已压着忧患余生的沉重的担负。我们不敢说他已失望，可

---

* 　《谷》和《落日光》都是芦焚的作品。《谷》，文化生活出版社1936年5月
　初版。《落日光》，开明书店1937年3月初版。——编者。

是他也并不像怀着怎样希望。他骨子里是一位极认真的人，认真到倔强和笨拙的地步。他的理想敌不住冷酷无情的事实，于是他的同情转为忿恨与讽刺。他并不是一位善于讽刺者，他离不开那股乡下人的老实本分。

读过《谷》和《落日光》以后，我们收拾零乱的印象，觉得它们的作者仿佛是这么样的一个跨在两个时代与两个世界的人。这点了解也许可以帮助我们化除一些不调和的感觉——读这两部作品时，不调和的感觉是不免要不断地产生。

论题材，它们的来源大部分是近代文明在侵入而尚未彻底侵入的乡村和乡镇。像《落日光》里的"沉浸在落寞的古老情调里"的田庄，像在关圣大帝的神道前挂着红布花球写着"有求必应"的大槐树旁的庞府，像《牧歌》里老马干和印迦姑娘拦路同部落头目的队伍鏖战的小山冈，或是小茨儿和退伍老兵在酷热天气所爬过的蜈蚣岭，像江湖客和小二对头痛饮的小旅店，这些都可以说是芦焚先生的"老家"，在这些地方和这些地方的人物中他显得最家常亲切。但是此外芦焚先生还有一个"客寓"，上面是刷着崭新的白垩和油漆招牌的。在这个另一世界里我们遇到的是狱里墙壁上用指甲刻新诗的青年志士，是侮辱女同志以反动罪名吓人的委员，是唱萨哑歌声的帝国儿郎，是在黄昏中并肩散步合念着"由崎岖的爱的路而直达永恒"的少爷小姐。这些人物在全部作品所烘托出来的气氛之中，有如西装少年拈香礼佛，令人感到不伦不类。这倒不能怪芦焚先生，因为他所经历的本来就是这种不伦不类的世界。

芦焚先生的世界虽是新旧杂糅的，其中人物的原型却并不算多，他们大部分是受欺凌压迫者，或是受命运揶揄者像《头》里的孙三，《谷》里的洪匡成，《牧歌》里的雷辛及其他被蹂躏者无辜地惨遭残杀，永远没有申冤的日子，是一种；像《过岭记》里的退伍老兵，《人下人》里的叉头，《鸟》里的易瑾，《金子》里的孟天良和金子自己以及和候鸟同来去的卖香荸的江湖客，都历尽人生的艰险而到头终无去向，是另一种。在这些人物的描写中，作者似竭力求维持镇静，但他的同情，愤慨，讥刺，和反抗的心情却处处脱颖而出。因为这一点情感方面的整一性，《谷》和《落日光》在表面上虽有许多不调和的地方，却仍有一贯的生气在里面流转。也正因为这个缘故，读芦焚颇近读 Hardy，我们时时觉得在沉闷的气压中，有窒息之苦。

读《谷》和《落日光》不是一件轻快的事。一泻直下，流利轻便，这不是芦焚先生的当行本色。他爱描写风景人物甚于爱说故事。在写短篇小说时，他仍不免没有脱除写游记和描写类散文的积习。有时这固然是必需的，离开四围景物的描写，我们不能想象有什么方法可以烘托出《过岭记》或《落日光》里的空气和情调。但是在芦焚先生的大部分的作品里，描写多于叙述时，读者不免觉得描写虽好，究竟在故事中易成累赘。这也许是读者的过错，《谷》和《落日光》也许根本就不应该只当作短篇小说看的。

每个作者都有他自己的一条路，我想芦焚先生的正路是《谷》《过岭记》《人下人》《落日光》《牧歌》《金子》《江湖客》

数篇所指示的。他最擅长的是单锋直入，在同一氛围空气中写出同一类的人物的厄运。在《头》里他似乎尝试另一风格，要左顾右盼，声东击西，结果不免错杂零乱。错杂零乱的文章自然有它的好处，《头》在这方面的尝试也不能说是失败，但究竟也不能说是完全的成功。主角只是孙三一个人，其余许多人物都仿佛成为工具或傀儡。不过说来说去，这篇文章究竟难能可贵，没有人舍得割弃它的。这句话却未必能应用到《一日间》《一片土》《父与子》之类偏重讽刺的作品。我想芦焚先生最好把这块田地留给老舍。

我读芦焚先生的作品和读萧军先生的作品是同时的。这两位新作家都以揭露边疆生活著称，对于受压迫者都有极丰富的同情，对于压迫者都有极强烈的反抗意识，同时，对于自然与人生，在愤慨之中仍都有几分诗人的把甘苦摆在一块咀嚼的超脱胸襟。但是他们在风格上有一个重要的异点；萧军在沉着之中能轻快，而芦焚却始终是沉着。这种分别，我们只要拿萧军的《江上》和《同路人》同芦焚的《过岭记》和《金子》一比较，就可以明白。自然，萧军也有笨重的地方，《羊》的头一部分就是特例；芦焚也有轻快的地方，《谷》就是特例。不过特例终于是特例，两人的分别终于是很显然的。因为这个缘故，读芦焚总比读萧军费力。萧军的好处马上就可以吸引读者的注意，芦焚的好处是要读者费一番挣扎才能察觉的。

王静安的《浣溪沙》

王静安先生在《人间词乙稿序》里数他自己的生平得意之作仅三四首,其第一首即《浣溪沙》,原词如下:

天末同云黯四垂,失行孤雁逆风飞,江湖寥落尔何归?

陌上挟丸公子笑,座中调醯丽人嬉,今宵欢宴胜平时。

他自己的评语是:

意境两忘,物我一体,高蹈乎八荒之表,而抗心乎千秋之间。

我从前初读这首词时,觉得作者自许不免过高,如论意境，也只有"失行孤雁"二句沉痛凄厉。去夏过武昌，和友人谭蜀青君谈到这首词，他也只赞赏前段。并且说后段才情不济，有些硬凑。后来我再稍加玩索，才觉悟谭君和我从前所见的都是大错。这首词本不甚难，但是略一粗心，差之毫厘，便谬以千里，从此可见读诗之难。

这首词容易被人误解。因为前后两段所描写的是两面相反的图画，两种相反的情感。它仿佛是两幕戏。前幕布景是风云惨黯，江湖寥落，角色是孤雁，剧情是"失行"和"逆风飞"。全幕空气极阴沉。调情也极凄惨。后幕布景由黯云荒野变而为高堂华烛，角色是公子丽人，剧情是烹雁欢宴，全幕空气极浓丽，情调也极快活。这两幕戏中以前幕为较易了解，因为它完全是正写，它只有一种功用，就是把孤雁的凄凉身世写出来。后幕则完全是侧写，好比项庄舞剑，意在沛公，表面上虽是渲染公子丽人的欢乐，骨子里则仍反映孤雁的悲剧。这一点反映容易被粗心人忽略。但是它是全词的精彩所在，因为它，前段显得更凄惨，后段显得很深微曲折。此种写法类似莎士比亚在悲剧中穿插喜剧而实有不同。"悲喜杂剧"中的喜剧功用在暂时和缓向度的紧张。这首词则以欢宴收场，并非一种穿插，它的功用全在以乐境反衬悲境，好比画事以浓荫反衬强光一样。单论后段本身，它完全是一种乐境，但是因为摆在前段旁边，两两相形，它反而比较前段更深刻沉痛。如果没有感到"今宵欢宴胜平时"句的深刻沉痛，就完全失去这首词的妙处了。

友人废名君有一次来闲谈，提起六朝文学，他告诉我说：

"你别看六朝人的辞藻那样富丽，他们的内心实有一种深刻的苦痛。"这句话使我非常心折。六朝人的辞藻富丽，谁也知道。他们的内心苦痛，稍用心体察的人们也可以见出。废名君的灵心妙悟在把他们的辞藻富丽和内心苦痛联在一起说，仿佛见出这两件事有因果关系。我当时没有问废名君，依他看，这种关系究竟如何。依我揣想，尼采对于古希腊人所说的"由形相得解脱"也许可以应用到六朝人。辞藻富丽是他们拿来掩饰或回避内心苦痛的。他们愈掩饰，他们的苦痛更显得深沉。看六朝人的作品。首先要明白这一点。如果只看到辞藻富丽，那就只看到空头架子了。写到这里，我想起况周颐在《蕙风词话》里批评纳兰容若的话：

　　寒酸语不可作。即愁苦之音，亦以华贵出之，饮水词之所以为重光后身也。

　　"愁苦之音，亦以华贵出之"是六朝人的妙处，是李后主和纳兰容若的妙处，也是这首词后段的妙处。前段不如后段。因为它仍不免直率，仍不免是"寒酸语"。

读李义山的《锦瑟》

　　诗的佳妙往往在意象所引起的联想，例如李义山的
《锦瑟》：

　　　　锦瑟无端五十弦，一弦一柱思华年。
　　　　庄生晓梦迷蝴蝶，望帝春心托杜鹃。
　　　　沧海月明珠有泪，蓝田日暖玉生烟。
　　　　此情可待成追忆，只是当时已惘然！

　　全诗精彩在五六两句，但这两句与上下文的联络似不甚明
显，尤其是第六句像是表现一种和暖愉快的景象，与悼亡的主
旨似不合。向来注者不明白晚唐诗人以意象触动视听的技巧，
往往强为之说，闹得一塌糊涂。他们说"玉生烟已葬也，犹言
埋香瘗玉也"，"沧海蓝田言埋韫而不得自见"，"五六赋华年也"，
"珠泪玉烟以自喻其文采"。（见朱鹤龄《李义山诗笺注》。萃文

堂三色批本。）这些说法与上下文都讲不通。其实这首诗五、六
两句的功用和三、四两句相同，都是表现对于死亡消逝之后，
渺茫恍惚，不堪追索的情境所起的悲哀。情感的本来面目只可
亲领身受而不可直接地描写，如须传达给别人知道，须用具体
的间接的意象来比拟。例如，秦少游要传出他心里一点凄清迟
暮的感觉，不直说而用"杜鹃声里斜阳暮"的景致来描绘。李
义山的《锦瑟》也是如此。庄生蝴蝶，固属迷梦，望帝杜鹃，
亦仅传言。珠未尝有泪，玉更不能生烟。但沧海月明，珠光或
似泪影，蓝田日暖，玉霞或似轻烟。此种情景可以想象揣摩，
断不可拘泥地求诸事实。它们都如死者消逝之后，一切都很渺
茫恍惚，不堪追索；如勉强追索，亦只"不见长安见尘雾"，仍
是迷离隐约，令人生哀而已。四句诗的佳妙不仅在唤起渺茫恍
惚不堪追索的意象，尤在同时能以这些意象暗示悲哀，"望帝
春心"和"月明珠泪"两句尤其显然。五、六句胜似三、四两
句，因为三、四两句实言情感，犹着迹象，五、六两句把想象
活动区域推得更远、更渺茫、更精微。一首诗的意象好比图画
的颜色阴影浓淡配合在一起，烘托一种有情致的风景出来。李
义山和许多晚唐诗人的作品在技巧上很类似西方的象征主义，
都是选择几个很精妙的意象出来，以唤起读者多方面的联想。
这种联想有时切题，也有时不切题。就切题的方面说，"沧海月
明"两句表现消逝渺茫的悲哀，如上所述，但是我们平时读这
两句诗，常忽略过这切题的一方面，珠泪玉烟两种意象本身已
很美妙，我们的注意力大半专注在这美妙意象的本身。从这个

实例看，诗的意象有两重功用，一是象征一种情感，一是以本身的美妙击愉悦耳目。这第二种功用虽是不切题的，却自有存在的价值。《诗经》中的"兴"大半都是用这种有两重功用的意象。例如，"何彼秾矣，唐棣之华。曷不肃雝，王姬之车"；"燕燕于飞，差池其羽，之子于归，远送于野"；"蒹葭苍苍，白露为霜，所谓伊人，在水一方"诸诗起首两句都有一方面是切题的，一方面是不切题的。

谈李白诗三首

一、谈《经下邳圯桥怀张子房》

> 子房来虎啸，破产不为家。沧海得壮士，椎秦博浪
> 沙。报韩虽不成，天地皆振动。潜匿游下邳，岂曰非智
> 勇？我来圯桥上，怀古钦英风。唯见碧流水，曾无黄石
> 公。叹息此人去，萧条徐泗空。

要了解这首诗，先要了解我国过去历史上长期在人民群众
中流行的两种人生理想，就是"游侠"和"神仙"的理想。这
两种理想在现在看来都是落后的，但是在过去，它们是对当时
社会制度的反抗和不满，有积极的意义。游侠就是一般所说的
英雄好汉。这种人的理想是要讲义气，讲交情，劫富救贫，打
抱不平，特别是在强权淫威之下表示不屈服，如果受到一点耻
辱和冤屈，就誓必报仇雪恨，要仇人的命，报仇不成，就是牺

牲性命也在所不惜。这种人往往练得一手好武艺，有万夫不当之勇，有时还足智多谋。他们不但要替自己报仇，还要替看重自己的知心朋友报仇，而且替旁人报仇比替自己报仇还更奋不顾身，因为正义感之外又加上对朋友要守信义的动机。这种游侠理想从哪里产生呢？如果社会是符合人民理想的，没有什么仇，就没有什么报仇的人，没有什么不平，就没有什么打抱不平的人。纵然有冤屈不平，如果国家法律能够保障私人的权利，那也就无劳私人去施行惩罚。游侠的存在表明了两个事实：首先，社会上有冤屈不平，其次，国家法律不能消除冤屈不平，甚至它本身就是冤屈不平的根源。在这种情形之下，游侠的理想是正义感的表现，也是人的尊严感的表现，使强权淫威不得不对它稍存戒心而有所忌惮。所以它是有积极意义的。

神仙的理想比起游侠的理想来是较为消极的。游侠要置身"法外"，神仙却要置身"世外"，游侠要凭自己的力量去达到理想，神仙却要凭超自然的力量去达到理想，游侠要抵抗，神仙却常与隐逸结合，只是无抵抗，不合作。

这两种理想的性质不同，但是它们的历史根源是一致的。如果社会是符合人民理想的，它本身就是一个极乐世界。它不是一个极乐世界，甚至是一个极苦世界，人们才幻想在它以外能找到一个极乐世界。在科学还没发达的社会里，幻想往往比事实还有更大的说服力和诱惑力，所以像神仙之类的宗教迷信有极广泛的市场。好神仙的人有两面性。就他们逃避现世，迷信有神通广大的力量能创造奇迹来说，是消极的，落后的，就他们厌恨恶浊，不肯同流合污，至少是幻想要有一个合理的社会来说，也未尝丝毫没有积极的一面。游侠和神仙既然都是落后社会的产物，而且对落后社会都表示极端不满，所以在我国过去历史上这两种人常常结合在一起，讲游侠的也往往讲神仙。

李白经下邳桥所怀想的汉朝张良，正是这样一种游侠兼神仙的人物。诗中所说的那壮士是个游侠，黄石公是个神仙，而张良自己为着要替韩信报仇，请教这位壮士，但没成功，请教黄石公这位神仙，终得佐汉灭秦，最后却又"学辟谷导引轻身"，"从赤松子游"，又回到神仙。所以张良的一生只是在侠客、谋士和神仙三种行径里兜圈子，而他的所以为谋士，是因为他有侠客的气概，志在灭秦报韩；他的所以终于回到神仙，也并不是像他自己所说的于愿已足，而是因为看到鸟尽弓藏，兔死狗烹，不免有些灰心。这首诗的本事，读者可以翻《史记·留侯世家》（张良传）看一下，这里不必复述。

李白的这首诗是属于怀古和咏史类的。怀古咏史在我国许多诗人的诗集里都占很重要的一部分。古有什么可怀，史有什么可咏呢？这首诗里"岂曰非智勇"，"怀古钦英风"两句给了答案。古人和史事可以引起诗人歌咏的，一定是诗人所同情的，体现了诗人的人生理想的，或是诗人所不同情的，诗人在讽刺之中也表现了他自己的人生态度。这首诗是属于前一种情况的。伟大的诗人都必有人民性，所谓人民性，是说他的人生理想和人生态度与广大人民的是一致的。他在诗里表现了他自己的人生理想和人生态度，也就同时表现了广大人民的人生理想和人生态度。从周秦以后，在相当长的时期中，广大人民的人生理想和人生态度有一大部分表现在上文所说的游侠和神仙，只消把我国民间小说和戏剧的题材统计一下就可以知道。这方面的典型形象是一般民众头脑里的诸葛亮。诸葛亮在历史上（可看陈寿的《三国志》）并不像在小说和戏剧里那样的神通广大。小说和戏剧都起自民间，一般人民是按照他们自己的理想和愿望来铸成像在小说和戏剧里那样的诸葛亮的形象。而这种形象也正近似司马迁在《史记》里所铸成的张良的形象。这两人都有一面是游侠，有一面是神仙，尽管在程度上略有不同，诸葛亮的游侠的成分较少。诸葛亮的形象有很大的人民性，这是每一个看《三国演义》和看旧戏的人都能体会到的。张良的形象也是这样，他成为许多诗人歌咏的对象，也是因为他有很大的人民性。

张良之所以成为李白歌咏的对象，还有一个特殊的原因。我们一般人想到"盛唐"，总以为那时社会怎样安定，国家怎样富庶繁荣，人民怎样安乐，其实这是幻象。当时封建主聚天下的财富于长安，穷奢极欲，人民生活还是很痛苦的。杨家贵戚的骄横叫在朝在野的人都侧目而视。安禄山乱起，唐朝马上就出现出土崩瓦解的局面。当时人民对社会秩序的态度可以从当时流行的小说中看出来。唐人小说表面上大半是些爱情故事，实际上游侠和神仙的思想都非常浓厚，至少是从那些故事里面，可以看出当时尚任侠，讲神仙的风气很盛。游侠和神仙的存在，就足以说明当时社会中不平的事和不合理的事是很多的。否则我们也就很难说明李白自己的性格。李白平生爱学道，号称"诗仙"，但是他的游侠的一面往往被人忘记。魏颢说他"眸子炯然，哆（腮）如饿虎，少任侠，手刃数人"。他的最知己的朋友杜甫有一首七绝《赠李白》，替他下了这样的评语：

秋来相顾尚飘蓬，未就丹砂愧葛洪。

痛饮狂歌空度日，飞扬跋扈为谁雄？

这就是讥刺他学仙学侠两无成。不管成不成，他对仙和侠的向往却是无可怀疑的。读李白的诗，也就要体会到他的六分仙风、四分侠骨。所以《经下邳圯桥怀张子房》这首诗，不但表现了当时广大人民的人生理想和人生态度，也表现了诗人自己的人格。

这里有一个问题：游侠和神仙都是过去落后社会的产物，现在社会已经完全不同了，游侠和神仙的理想是否还有意义呢？上文分析过，游侠和神仙都有落后的一面，也都有积极的一面，落后的一面会随时代过去，积极的一面对后世人还会有几分鼓舞的力量。每个人都可以就自己读这首诗时所起的情感分析一下。以我的经验说，我在十几岁时就爱读这首诗，常常高声朗诵。朗诵时心情是振奋的，仿佛满腔热血都沸腾起来了，特别读到最后"唯见碧流水"四句，调子就震颤起来，胸襟也开阔起来，仿佛自己心中也有无限的豪情胜慨，大有低徊往复，依依不舍之意。这种振奋的心情是痛快的，也是有益的。是否我因为想当侠客和神仙才爱这首诗呢？我从来没有过这种幻想和奢望，这首诗也并没叫我往这种幻想和奢望。但是想到"破产不为家"，求刺客去杀威震一时的秦始皇那种英雄气概，那种要奋不顾身去伸张正义的坚贞英勇的精神，不由得我不回肠荡气，肃然起敬。我爱这种人，觉得在这种人身上见出人的尊严，我希望多见到这种人，我仿佛觉得这种人如果多有些，世界会更光明些，人生会更有意义些。单就我体会这种人的人格来说，我也仿佛得到一种力量，帮助我更好地做人。我想游侠和神仙在这首诗里毕竟是外壳，这外壳里面包含着一种精神，它是感动李白的，也是感动我的，也是感动任何一个有心肠的人的。这就是它的积极的一面，这积极的一面是不会轻易地随时代消逝的。

最后，略谈一下这首诗的格局。从表面看，它是平铺直叙，一气呵成的。分析一下，就能看出它分三段。头四句一段，直叙张良求刺客杀秦始皇的事迹。中四句一段，补叙失败后潜匿下邳，夹以论断，"报韩虽不成"，而"天地皆振动"，毕竟还是叫敌人惊心丧胆；虽被迫"潜匿"，这也不是"非智勇"的过错，每两句一抑一扬，略见波澜起伏。后六句写诗人怀古的。

心情，是平铺直叙后的一个大波澜，读者须体会这种心情是丰富复杂的，一方面是"怀古钦英风"，满腔豪情胜概，一方面又"叹息此人去，萧条徐泗空"，大有"前不见古人，后不见来者"那种寂寥的感觉，但是这并不是失望，而是寄深厚的希望于无穷的未来。诗用五古体，古诗可以换韵，换韵往往就同时标出段落（当然也有例外），这首诗就是选样，三段就用三组韵。

批评李白诗的人往往嫌他欠剪裁洗练，这是不正确的。这首诗就表现了高度的剪裁洗练。张良的一生事迹很多，这里只写到他"潜匿游下邳"为止，至于他后来佐汉灭秦以及晚年学道那一大段经过都一字不谈，虽然首句"虎啸"二字也约略给了一点暗示。如果全写，就不但见不出剪裁洗练，还会破坏这首诗触景生情的效果。

二、谈《黄鹤楼送孟浩然之广陵》和《闻王昌龄左迁龙标遥有此寄》

> 黄鹤楼送孟浩然之广陵
> 故人西辞黄鹤楼，烟花三月下扬州。
> 孤帆远影碧空尽，唯见长江天际流。

> 闻王昌龄左迁龙标遥有此寄
> 杨花落尽子规啼，闻道龙标过五溪。
> 我寄愁心与明月，随君直到夜郎西。

这两首诗在体裁上都是七言绝句，在题材上都是送行惜别，合在一起谈，比较方便。

送孟浩然诗比较容易懂。孟是由武昌黄鹤楼坐船到扬州（广陵），李白在黄鹤楼送他。时节是三月，花开正盛，望起来像烟一般。行进的人依依不舍，直望到孤帆远影渐渐在碧空中消失了，只见长江在遥远的天际流着，他才回过头来。诗人先写出别地别时别景，然后写出自己那种眷恋惆怅的情感。

寄王昌龄诗的格局大致和送孟浩然诗相同，但是比较难懂一点。难分两个问题上。首先是异文的问题。头一句一本作"杨花落尽子规啼"，一本作"扬州花落子规啼"。如果是"杨花落尽"，与"子规啼"较一致。子规即杜鹃，鸣声凄厉，易动旅客归思；杨花落在旧诗中常象征离散，所以苏轼《水龙吟》咏杨花词有"细看来不是杨花，点点是离人泪"之句。如果是扬州，那就很可能李白自己那时在扬州，这就和下文的"明月"有关，相传扬州的月亮特别亮（"天下明月三分，扬州得其二分"）。这两种异文都说得通，很难断定哪一种比较确实。如果"夜郎西"可照下文的解释，"扬州花落"的可能性就较大。其次是地理的问题。王昌龄老家在江宁（南京），他贬龙标尉以前在长安（西安）做校书郎。龙标是个县名，即今湖南西部的黔阳县，五溪（辰溪、西溪、巫溪、武溪、沅溪）也在湖南西部。夜郎属西南夷，在今贵州西北桐梓县。这里应该注意的是"龙标过五溪"的"龙标"即指王昌龄，古人常以地方的名称称呼那地方的人或是在那地方做官的人。这里的问题在于夜郎在贵州西北，而龙标在湖南西部，两地相去很远，而且龙标在夜郎东，不在西。王昌龄到龙标就任，无论是从长安出发，还是从江宁出发，都走不到夜郎。因此，我疑心这首诗写作时期很晚。李白曾因参永王璘的军事，军败后被朝廷流放到夜郎，后来遇赦才回到金陵（南京）、当涂（在安徽东部）一带，不久就死了。这首诗当作于从流放获赦去金陵之后。如此才可以解释"随君直到夜郎西"一句，那就是因王昌龄被贬而想到自己过去被流放。在唐朝，做官的人贬谪到湖南贵州一带，是个很大的惩罚。李白身受过这种痛苦，于今又听说他的诗友也要去受这种痛苦，所以一方面既寄深厚的同情于好友，一方面也暗伤自己过去的遭遇。这样解释，诗的情致也就比较深刻。

这两首诗的题材和格局虽大致相同，而情致却悬殊。情致往往要借景物气氛烘托出来。论时节，送孟在暮春三月，送王在"杨花落尽子规啼"的时候，也只在晚春初夏。可是"烟花三月"寥寥四句写出一片多么绚烂繁荣的气象，而"杨花落尽子规啼"就显得凄凉寂寞，不堪为怀了。这两首诗开始所描绘的色彩气氛好比一个乐曲的基调，暗示出全篇情感的性质和深度，同时我们也要注意孟、王两人不同的情境。孟到的是扬州，扬州在唐朝是著名的繁华城市，好比现在的上海；王到的是龙标，西南边陲的瘴病地，去那里就等于"充军"。孟可能只是游历或就任，王是贬谪。情境不同，感触自异。王的遭遇本身已可悲，何况这个遭遇和诗人本身的遭遇又有些类似？"愁心"二字不是随便下的。送孟诗虽是惜别，却没有多深的伤感，"烟花三月"句还略有欣羡的意思，最后两句写远眺景致，写出一种高远无穷的气象，与其说暗含惜别，还不如说带有"手挥五弦，目送飞鸿"的闲适意味。如果拿这两首诗朗诵几遍，就能感觉到音调的分别很明显。送孟诗平声字较多，字音都很响亮，大半是能提高又能拖长的。所以读起来可以悠扬而豪放。送王诗头二句音节还很平顺，只是诗的意义决定了它的音调须低沉凄婉，后二句仄声字安排得有些拗，我们很难用读"孤帆远影"两句的调子来读它，它天然地有些抑郁感伤的意味。在这种朗诵的比较里，我们可以体会到诗的情感与声音的关系是非常密切的。

莱辛的《拉奥孔》

　　关于德国十八世纪启蒙运动者莱辛的《拉奥孔》，我在选译其中主要章节之后所写的译后记里，已做过粗浅的评价，还有些未尽之意，现在补写在这里。

　　读任何一部古典著作，我们要经常想到两个问题：首先，这部著作对作者本人的时代有什么意义？其次，它对我们现在还有什么意义？对于《拉奥孔》，这两个问题是密切相关的，因为检查一部古典著作对我们现在的意义，为的是批判继承，而《拉奥孔》本身所要解决的也正是批判继承问题，它要研究像雕刻作品《拉奥孔》和维吉尔描述拉奥孔和他的两个儿子被毒蛇绞住的诗那样的古典文艺，对于启蒙运动中欧洲文艺有什么意义。

　　《拉奥孔》的结论是：雕刻、绘画之类造型艺术用线条、颜色去描绘各部分在空间中并列的物体，不宜于叙述动作，诗歌（推广一点来说，文学）用语言去叙述各部分在时间上先后承续的动作，不宜于描绘静物。从表面看和从局部看，这个结论是对法国古典主义影响之下的侧重描写自然的诗歌以及企图描绘动作的寓言体绘画所进行的批判；或者说得较广泛一点，它是对欧洲十七八世纪之交所流行的矫揉造作、浮华纤巧的"螺钿式"（rococo）的艺术风格所进行的批判。莱辛要扫除宫廷艺术的影响，为启蒙运动所要建立的新兴资产阶级的文艺理想铺平道路。

莱辛写《拉奥孔》时有这样一个意图，这是众所公认的。但是《拉奥孔》还不仅在这个意义上，要解决对古典文艺的批判继承问题，它的内容还有更深广的一面。我们且回顾一下欧洲文化发展经过的大略。欧洲在希腊罗马奴隶社会鼎盛的时代发展出的光辉灿烂的文化，一般叫作"古典文化"。到了公元四五世纪，奴隶社会的基础以及在这基础上所建立的古典文化都日渐没落了，接着封建统治和天主教会结成了一个不大神圣的同盟，不但残酷地剥夺去人民的劳动果实和政治方面的自由。而且在神权淫威之下，否定了人在现世生活中的一切享受和一切意义。因此，在约莫有一千年的漫长时期中，文艺活动在禁欲主义的名义下几乎完全被窒息了。历史家们把这个教会统治一切的时代叫作"黑暗时代"，并不是没有理由的。接着资产阶级社会随着工商业和城市的发展逐渐兴起来了，它要求一个适应新时代要求的新的上层建筑，新的文化和新的文艺。在文化上，这个社会从中世纪所继承来的是一穷二白的摊子，于是"向哪里去学习"就成为一个日益尖锐的问题。在当时人看，对这问题的解决路径就只有一条：回过头向希腊罗马古典文化去学习。因此，就掀起了一个大运动，叫作"文艺复兴"。所谓"文艺复兴"，本来的意义就是希腊罗马古典文艺的复兴。在文艺方面，这个运动在意大利产生了但丁、薄伽丘、米开朗琪罗、达·芬奇、拉斐尔等大师的光辉成果。在其他国家中，塞万提斯、莎士比亚和拉伯雷几位文艺巨人也是在文艺复兴运动影响之下成长起来的。但是这个运动发展到十七世纪的法国就流产了。流产的原因有两个：首先，封建统治和天主教会的势力在法国还特别顽强，而且在路易十四时代还来过一次临死前的回光返照。其次，在文艺复兴时代，人们虽热情地要求学习古典，但是对于古典的知识还是肤浅的，非常片面的。例如，十七世纪法国古典主义作家口口声声地说要向古人学习，究竟学习些什么呢？他们学习到的是一套死板的"规则"，例如，戏剧要遵守三一律，主角要是社会上层人物，语言要"高贵"，一切要维持"礼貌"（decorum），例如，在诗里说用"刀"杀国王和在舞台上演出凶杀的场面，都是被认为"不礼貌"的。这套"规则"据说是亚里士多德在《诗学》里定下来的，其实大半只是从贺拉斯到布瓦洛那一系列的"诗论"家假亚里士多德的名义所捏造出来的。这些僵化的"规则"成为文艺的桎梏。法国十七世纪古典主义就是在这种桎梏之下发展起来的。所以尽管高乃依、拉辛，特别是莫里哀，都做出相当辉煌的成就，但是总的来说，法国古典主义文艺总不免令人起假山笼鸟之感，而且尤其重要的是：它基本上还是宫廷文艺，为封建统治服务的。由于这个缘故，我们才说法国古典主义是文艺复兴运动的流产。①

启蒙运动者所面临的是法国古典主义文艺统治着全欧的局面。为进一步推动文艺前进，使文艺更好地为上升的资产阶级服务，他们就必须打破这个局面。怎样打破这个局面呢？他们认为法国古典主义者拘守清规戒律，对希腊罗马古典文艺加以狭窄化、庸俗化和形式化，毛病正在于学习古典没有学好，没有抓住古典文艺的精神实质。

因此，启蒙运动者要求对古典文艺有更深刻的了解，要求发现它的精神实质，于是就掀起一个加强古典学习的运动。这个运动在德国进行得特别活跃，温克尔曼开了端，莱辛和赫尔德加以发扬光大，到了歌德和席勒便保其大成。《拉奥孔》就是在这样一种加强古典文艺中继承真正值得继承的东西，来建立准备革命的资产阶级所要求的新文艺。这个历史任务，启蒙运动者是出色地完成了的，在政治上他们为法国革命以及接踵而起的其他资产阶级革命准备②。

就对古典的批判继承这一点来说，《拉奥孔》对我们现在还有很大的现实意义。它用法国古典主义那样生动的历史教训向我们指出：对古典的有效继承要基于对古典的正确批判，面对

---

① "古典主义"是法国人自己定的称呼，英美等国一般把它叫作"新古典主义"或"假古典主义"。

② 在文艺上他们为十九世纪浪漫主义和接踵而起的批判现实主义做了准备。

古典的正确批判又要基于对古典的深刻了解，反之，对古典如果只有皮毛的片面的，就之下的继承至多也只能像批判，那种批判也会是皮毛的片面的，在这种情况之下的继承至多也只能像法国古典主义那样，不但继承不到真正好的从西，而且还会替自己套上一些僵化"规则"的枷锁。在我们批判继承中外优秀文艺传统来建立我们的无产阶级新文艺的过程中，这个历史教训是值得我们时时谨记在心的。

同时，我们也值得谨记着十九世纪浪漫主义和批判现实主义的光辉成就并不是凭空得来的，而是需要像狄德罗、温克尔曼、莱辛等人所做的那些辛勤的工作作为准备。

莱辛在《拉奥孔》里所发掘出来的古典文艺的精神实质究竟是些什么呢？

头一条，文艺的确有规律，但是这种规律不是由谁去制定的，像假古典主义者所想象的那样，而是要在现实中去找，因为文艺是反映现实的（莱辛以前的人把"反映现实"叫作"模仿自然"）。莱辛所找到的文艺规律是诗和画有区别，各有特性，诗宜于叙述动作，画宜于描写静物。这个规律他是从分析诗和画所用的不同的物质媒介（占时间的语言声音和占空间的线条颜色等）得来的。这条规律就肯定了文艺的现实基础。这是一个唯物主义的看法，在对为封建统治和教会神权服务的唯心主义的文艺观进行斗争中，是一个有力的武器。

第二条，古典文艺的真正的精神实质在于它的人本主义，就是文艺要以人和人的动作为主要的描写对象（这不是资产阶级思想家所宣扬的"人道主义"），在造型艺术方面最高的美是人体美；在诗和一般文学方面，最主要的题材是人的动作，纵然要写自然美，也要通过人的动作或是通过它对人的关系和意义去描写，要化静为动。本来亚里士多德在《诗学》里早就再三强调过诗的对象是人的动作或"在动作中的人"，但是这条基本规律偏偏被一些自称是"古典主义者"的人所忽视，到了莱辛才把它突出地指出来，这一点也说明了启蒙运动者学习古典，确实是比以前深入了一步。这条规律有哪些含义呢？它不但指出文艺中起决定作用的是内容，而且还指出这内容主要是人，这就肯定了文艺的社会性。其次，人的尊严和自由在封建统治之下遭到了压抑和剥夺。人本主义的提倡是和启蒙运动要求人权的政治任务分不开的。

第三条，文艺不但在创作方面而且在欣赏方面都要有创造性和主观能动性，不是被动地抄袭自然或是被动地接受作品。莱辛一方面主张诗不宜于描写静物，画不宜于叙述动作，而另一方面他也承认诗也可以描写静物，只是要通过动作，通过效果，化静为动或是化美为媚；画也可以叙述动作，只是要选择动作过程中顶点前的那一顷刻，以便给读者留想象的余地。这个看法可以说是辩证的。由化静为动来说，创作就不是被动地抄袭自然，由给读者留想象余地来说，欣赏也就不是被动地接受作品；总之，这两种活动都需要一些创造性和主观能动性。本来莱辛的诗画异质说是针对温克尔曼对古典艺术的看法而进行批判的。按照温克尔曼的说法，古典艺术无论是诗还是

画，在表现激烈情感时，都还显出心灵的和平与静穆。莱辛反
驳这个说法，指出古典艺术只是在画方面才避免激烈情感所伴
随的丑相，在诗方面却并不如此。他从史诗和悲剧中举出许多
实例，证明古典诗并不避免激烈的表情，因为在时间上先后承
续的叙述就会把在空间中平铺的一目了然的丑相冲淡。歌德在
自传式的《诗与真》里提到莱辛的《拉奥孔》，写下了这样一
段话：

> 须转向年青一代人打听，才可以体会到莱辛用《拉奥
> 孔》对我们产生了如何深刻的印象，这部著作把我们的心
> 灵从忧郁阴暗的直观移置到光明而自由的思想境界了。

揣测歌德说这话的意思，也还是不赞成温克尔曼而赞成莱
辛，不赞成所谓对"静穆"境界的直观，而赞成光明自由思想
的能动作用。[1]

这三条都涉及文艺理论的基本问题。其中头两条是我们
所熟悉的而在莱辛时代却还是新的东西。奠定这两条原则在当
时应该是一个很大的功绩。至于第三条，牵涉我一直在主张的

---

[1] 这一条是根据苏联阿尔泰莫诺夫和格腊日丹斯卡雅在《十八世纪外国文
学史》（原文第三二四至三二五页）里所提出的看法而加以补充的。我在
《译后记》里曾就莱辛把美限于物体美这个事实，批评他有些形式主义，
把模仿自然看作被动地抄袭；现在看来，形式主义一点是对的，被动抄袭
一点则是错误的，趁此更正。

"客观与主观统一"的问题。国内大多数人似乎还在反对，莱辛的看法对我们至少还有参考的价值。

《拉奥孔》对我们现在，还有什么其他意义呢？作为一个文艺理论工作者，我觉得在它里面学习到很多的东西。我觉得这部书是就具体问题做具体分析的范例，不像我们美学讨论者老是停留在概念里绕圈子。我还觉得这部书也是革命性与科学性结合的范例，具有启蒙运动者顽强斗争的精神，同时也表现出深刻的研究与谨严的逻辑。

这部书对于创作者有什么意义，最好是由创作者自己来判断。作为一个读者，我觉得这部书所牵涉的技巧问题还是值得学习的。就拿文学描写自然要化静为动这一点为例来说吧。我曾经根据莱辛的原则检查过我国的一些古典诗词，特别是山水诗和咏物词，我发现莱辛的原则是适用的。我也曾经根据莱辛的原则检查我国一些现代小说中描写自然的部分，我发现胪列现象的描绘往往是枯燥的，为了要尽快地掌握人物动作的进展，我往往把单纯描写的部分跳过去。但是在成功的小说作品中，作者总是自觉或不自觉地运用了化静为动的原则。例如，《红旗谱》第一节写小虎子眺望滹沱河那两段：

> 眼前这条河，是滹沱河。滹沱河打太行山上流下来，像一匹烈性的马。它在峡谷里，要腾空飞蹿，到了平原上，就满地奔驰……

接着就写秋风的寒冷。从这两段描写，我们可以看出描写的两个基本原则。首先，自然景物宜于通过动作来描写，把死的写成活的；其次，自然景物的价值不在它本身而在它衬托出人物的心情（对乡土的爱，对砸钟的沉痛的预感，受压迫者的沉重的心事等）和情节的发展（这条河和反霸斗争有紧密的联系，河的下山出谷奔流可能还象征农民革命运动的发展）。一般说来，小说宜侧重动作的叙述，描写部分宜压缩到最小量。《红旗谱》对于自然的描写，一般恰到好处，没有堆砌的痕迹。如果拿《红日》来和它做一番比较，《红日》的描写部分就没有那样简洁而生动。特别是像莱芜战役那样一个紧张雄壮的场面，描写只要稍微多一点，就会把动作的速度放慢，使紧张的气氛松弛。但是《红日》里也有些比较好的描写，例如，第三十九节钱阿菊洗衣时那一段春天气氛的描写，是能映衬出人物心情的，而且那是在后方疗养的情况下，和情景的发展也还是配合的。我想特别指出第四十节写战士们两天里在油泥地上行军的那一段，因为这可以说明自然描写中的一个问题：自然景物有时可以成为矛盾斗争的一方面，在小说中可以起人物的作用。以上的例子都可以说明莱辛的化静为动的正确性。

但丁的《论俗语》

在从公元第四世纪到十三世纪的一千年左右的漫长时期中，基督教会和封建政权结合在一起，统治了欧洲文化。当时唯一类型的学校是训练学校的学校，僧侣是唯一受到教育的等级，人民大众都被剥夺了享受文化教育的机会，连许多国王和贵族骑士也都是文盲。当时唯一的官方语言是拉丁，基督教的《圣经》只准用拉丁译文为定本，宗教仪式和宣教的活动以及学术论著和官方来往文件都一律只用拉丁；至于人民大众则习用本地方的"俗语"，对于拉丁字一般是陌生的。所以中世纪的统治阶级和被统治阶级之间，在文化教育方面和在语言方面，界限是划分得很明显的，因而矛盾也显得特别尖锐。

基督教会的神权中心，来世主义和禁欲主义的教义是在希腊罗马古典文化长期扎根的地区传播开来的，它一开始把这种教义作为古典文化的人本主义、现世主义和多方面自由发展的思想的鲜明对立面而提出，把古典文化看作"邪教"文化，长期对它进行顽强的斗争。因此，基督教会仇视世俗文化教育，特别是世俗文艺，因为宗教性的文化教育和文艺之外，在当时所能有的世俗文化教育和文艺只能是传统深厚悠久的"邪教"的古典的一种类型。世俗文艺被认为是说谎的，挑拨情欲的，伤风败俗的，根本上违反基督教精神的，所以中世纪基督教会千方百计地禁止和摧残人民大众中的世俗文艺活动。但是人民大众对文艺的自然要求是禁止不住的，尽管基督教会对文艺极端仇视，文艺在中世纪人民大众中还是呈现了百花齐放的局面，不但在建筑、雕刻和绘画各领域都达到了希腊以后的最高峰，而且在文学方面也达到了光辉的成就。在欧洲文学史上，民间文学在中世纪处在它的黄金时代。它打破了古典传统的许多清规戒律，创造了许多新体裁和新的表现方式，特别是传奇体长篇叙事诗和民歌对后来的浪漫运动发生了深刻的影响。在内容上，中世纪民间文学对基督教会和封建统治进行了尖锐的讽刺（例如，《列那狐的故事》和罗宾汉系统的民歌），对劳动人民的英勇和智慧进行了热情的表扬、对现世的美好事物表现出热烈的爱好。在语言方面，中世纪民间文学放弃了一般人民所不懂的拉丁，运用了各地方的俗语。这是很自然的，因为大部分传奇故事和民歌都是口头流传的。这些用地方语创作的民间文学作品，就是近代欧洲各国民族文学的起源。近代欧洲国家的兴起是与资产阶级登上历史舞台这件事实密切联系在一起的。资产阶级为了自己的发展，需要用各民族的地方分权来代替罗马教廷和"神圣罗马帝国"的中央集权。近代各国民族文学的兴起，也正反映出新兴资产阶级对封建统治所进行的斗争。

就是在这种历史情境之下，但丁以意大利的第一个伟大诗人的身份用近代意大利语言创作出他的划时代的大诗——《神曲》。但丁出生在佛罗伦萨，这在欧洲是手工业发达最早的一座城市，这也就是说，是资产阶级出现最早的一座城市。在这座城市里，代表封建利益的教皇党和代表新兴阶级利益的皇帝党这两大党的斗争之中，但丁是始终站在皇帝党方面的，所以他在政治上是反教廷的，代表新兴阶级进步倾向的。他用意大利文来写《神曲》这件事，也应该看作建立意大利国家和意大利民族语言这个政治意图中的一个环节。

除掉《神曲》以外，但丁还写了一部文艺理论方面的名著：《论俗语》①。他所谓"俗语"，就是与教会所用的官方语言（拉丁）相对立的各国人民大众所用的地方语言。在《论俗语》里他所要解决的是当时文学界的一个最迫切的问题，就是在放弃拉丁之后，改用近代语言来写文学作品特别是写诗所引起的问题。但丁所面临的问题颇类似我们在五四时代"白话"运动中所面临的问题：首先，白话（相当于但丁的"俗语"）是否比文言（相当于当时教会通用的拉丁）更适宜于表达思想情感呢？其次，白话应如何提炼，才更适合于用来写文学作品呢？

---

① 可参看柳辉的中译文（节译），载《文艺理论译丛》1958年第三期，人民文学出版社。

这里第一个问题我们早就解决了。经验证明：只有用白话，才能使文学接近现实生活和接近群众。至于第二个问题，我们还在摸索中，它的重要性已日渐为人们所认识到，但它还不能说是已经解决了，特别是就诗歌来说。所以但丁的《论俗语》对我们还有很大的现实意义。

在《论俗语》里但丁首先指出"俗语"与"文言"的分别，并且肯定了"俗语"的优越性：

> 我们所说的俗语，就是婴儿在开始能辨别字音时，从周围的人们所听惯了的语言，说得更简单一点，也就是丝毫不通过规律，从保姆那里所模仿来的语言。此外我们还有第二种语言，就是罗马人所称的"文言"。这第二种语言希腊人有，其他一些民族也有，但不是所有的民族都有。只有少数人才熟悉这第二种语言，因为要掌握它，就要花很多时间对它进行辛苦的学习。在这两种语言之中，俗语更高尚，因为人类开始运用的就是它；因为全世界人都乐于用它，尽管各地方的语言和词汇各不相同；因为它对于我们是自然的，而文言却应该看成是矫揉造作的。

这样抬高"俗语"，就是要文学更接近自然和接近人民。

作为意大利人，但丁最关心的当然是意大利的"俗语"。但是当时意大利既不是一个统一的国家，也没有一种统一的民族语言。在意大利半岛上，各地区有各地区的"俗语"。在这许多种"俗语"之中，用哪一种作为标准呢？但丁把理想中的标准语叫作"光辉的俗语"。他逐一检查了意大利各地区的"俗语"，认为没有哪一种够得上标准，但是每一种都或多或少地含有标准的因素。他说，在实际上意大利的"光辉的俗语"属于所有的意大利的城市，但是在表面上却不属于任何一座城市。这就是说，标准语毕竟是理想的，它要借综合各地区俗语的优点才能形成。所以要形成这种理想的"光辉的俗语"，就要把各地区的俗语"放在筛子里去筛"，把不合标准的因素筛去，把合标准的留下。

这里我们应该谨记在心，但丁所考虑的首先是诗的语言，而且他心目中的诗是像他自己的《神曲》那样具有严肃内容和崇高风格的诗，所以他主张经过"筛"而留下来的应该是"宏伟的字"。他说，"只有宏伟的字才配在崇高风格里运用。"对于"筛"的过程和去取标准，他做了如下的说明：

> 有些字是孩子气的，有些字是女子气的，有些字是男子气的。在男子气的字之中，有些是乡村性的，有些是城市性的。在城市性的字之中，有些是经过梳理的和油滑的，有些是粗毛短发的和乱发蓬松的。在这几类字之中，经过梳理的和粗毛短发的两类就是我们所说的宏伟的字。……这两类的字才是光辉的俗语中的组成部分。

这段话需要两点说明：

　　首先，依但丁自己的解释，他"筛"字的标准完全看字的声音，例如，所谓"经过梳理的字"就是"三音节或三音节左右的字，不带气音，不带锐音和昂低音，不带双子音或双嘶音，不要把两个流音配搭在一起，不要在闭止音之后紧接上流音——这类字好像带一种甜味脱出说话人的口唇"；至于所谓"粗毛短发的字"则是一般不可缺少的单音节字，如前置词、代名词和惊叹词之类，以及为配搭三音节字而造成和谐的多音节字，但丁所举的例子之中有十一音节的长字。意大利语言的音乐性本来很强，而但丁作为诗人，对字的音乐性又特别重视。他说："诗不是别的，只是按照音乐的道理去安排成的辞章结构。"因此，他认为诗是不可翻译的。"人都知道，凡是按照音乐规律来调成和谐体的作品，都不能从一种语言译成另一种语言而不致完全破坏它的优美与和谐。"[①]但丁这样强调诗的语言的音乐性，是否有些形式主义呢？和近代法国"纯诗"派不同，但丁认为音和义是不可分割的，诗要有最好的思想，所以也要最好的语言。他说，"语言对于思想是一种工具。正如一匹马对于一个军人一样，最好的马才适合最好的军人，最好的语言也才适合最好的思想"。

　　其次，但丁所要求的诗的语言是经过筛滤的"光辉的俗语"，并不符合胡适所宣扬的"作诗如说话"，也不像英国浪漫派诗人华兹华斯在《抒情民歌序》里所要求的"村俗的语

---

① 见但丁的《筵席》，卷一，第七章。

言"或"人们真正用来说话的语言"。他并不认为诗歌的语言是
"自然流露的语言"，相反地，他说，"诗和特宜于诗"的语言是
一种煞费匠心的辛苦的工作。"他主张诗歌应以从保姆学来的
语言为基础，经过筛滤。滤去"土俗气"的因素，留下"最好
的""高尚的"因素。他所采取的是"城市性"的语言，也就是
有文化教养的语言。他用来形容理想的语言的字眼，除掉"光
辉的"以外，还有"中心的""宫廷的""法庭的"三种。"光
辉的"指语言的高尚优美，"中心的"指带有标准性，没有方
言土语的局限性，"宫廷的"指城市中上层阶级所通用的，"法
庭的"指准确的、经过权衡斟酌的。但丁要求诗的语言具有这
些特点，是否带有封建思想的残余，轻视人民大众的语言，像
十七八世纪新古典主义者所要求的那种"高尚的语言"呢？从
肯定"俗语比文言较高尚"来看，从放弃拉丁而用近代意大利
文来写严肃的诗篇来看，但丁对于人民大众的语言绝对没有轻
视的态度。当时宫廷垄断了文化教养，他要求诗的语言具有
"宫廷的"性质，也不过要求它是具有文化教养的语言。诗歌
和一般文学不仅是运用语言，而且还要起提高语言的作用。在
当时近代语言还在草创的不成熟的阶段，要求语言现出文化教
养，对提高语言和建立统一的民族语言实在是十分必要的。至
于十七八世纪新古典主义者所要求的那种"高尚的语言"，是堂
皇典丽、矫揉造作的"文言"，而"文言"正是但丁认为比不上
"俗语"高尚的。这两种"高尚的语言"称呼虽同，实质却迥不
相同。

但丁在《论俗语》里所侧重的是词汇问题，但是也顺带地讲到题材、音律和风格。他认为严肃的诗应有严肃的题材，而严肃的题材不外三类：他用三个拉丁字来标出这三类的性质，即 salus（安全），这是有关国家安全，如战争，和平以及带有爱国主义性质的题材；venus（爱情），这是西方诗歌中一种普遍的传统的题材；以及 virtus（才德），这是有关伦理政治宗教和哲学各方面认识和实践的卓越品质和能力的题材。这些"严肃的题材如果用相应的宏伟的韵律，崇高的文体和优美的词汇表现出来，我们就显得是在用悲剧的风格"（"悲剧的"即"严肃的"或"崇高的"）。他把风格分为四种：（1）"平板无味的"，即枯燥的陈述；（2）"仅仅有味的"，即仅仅做到文法的正确；（3）"有味而且有风韵的"，即现出修辞的手法；（4）"有味的，有风韵的而且是崇高的"，即伟大作家们所具有的风格。这最后一种是但丁所认为最理想的。但丁讨论语言的词汇和风格时，主要是从诗歌着眼，但是他认为"光辉的俗语"也适用于散文，他之所以侧重诗，是因为诗先于散文，散文总是要向诗学习语言的运用。

语言的问题，是中世纪末期和文艺复兴时期欧洲各民族开始用近代地方语言写文学作品所面临的一个普遍的重要问题。当时创作家和理论家们都对这个问题特别关心。在《论俗语》出版（1529 年但丁死后）之后二十年（1549 年），法国近代文学奠基人之一，约瓦辛·杜·伯勒，在但丁的影响之下，写成了他的《法兰西语言的辩护和光辉化》（"光辉化"即提高），也是为用近代法文写诗辩护，并且讨论如何使法文日臻完善。他的问题和解决的办法与但丁的基本类似，只是杜·伯勒处在人文主义和古典主义影响较大的历史阶段，特别强调向希腊拉丁借鉴。这两部书不但对于意大利语言和法国语言的统一，而且对于欧洲其他民族语言的形成和发展，都产生了很大的影响。

但丁的《论俗语》值得我们进行一些学习，因为我们的文学语言，特别是诗歌语言，还是一个有待解决的迫切问题。我们的诗人和作家们不但要使语言更好地表达他们所创造的形象，而且还有提高民族语言的一个崇高任务。《论俗语》这部著作是可以启发我们思考一些问题的，例如，诗特别要注意音调，这是否就是形式主义？

"舍不得分手"

　　我只读过《日出》而没有看到它上演，依我想，它演起来一定比读起来更生动。经得演的戏不一定经得读，经得读的戏也不一定经得演。曹禺先生对于空气的渲染，剧境的制造，性格的描绘以及对话的衡量都很拿手，这些都是上演成功的要素，假如演员合乎理想，《日出》定是一个痛快淋漓的作品。不过读剧者有余暇揣摩斟酌，他的冷静的头脑不易被一顷刻间的生动情境所卷进去，就不免瞻前顾后，较量到剧情与性格的起伏生展，以及作者对于人生的深一层的观照种种问题。一较量到这些问题，曹禺先生的艺术似乎离老练成熟还有些距离。这里我只说个人读《日出》后所感到的一些欠缺。

　　在布局方面，《日出》有三条线索：第一是主角陈白露抛弃方达生而落到城市淫奢恶毒生活的旋涡里，终于因负债失望而自杀；第二是一位乡下姑娘"小东西"因反抗卖身于土豪金八而求庇于陈白露，终于被地痞黑三架去，卖到一个三等妓院里，后来因不堪凌虐而自杀；第三是陈白露所依靠的财神大丰银行经理潘月亭因投机买债券失败而打好了自杀的计算。其余一切剧情都是这三个线索的附带的穿插。这三个线索之中，第二个关于"小东西"的一段故事和主要动作实在没有必然的关联，它是一部可以完全独立的戏。它在《日出》里最大的功用只在帮助方达生——也许和陈白露——多了解一层城市生活的罪恶。但是曹禺先生并没有把这节外枝叶和本干打成一片，它在《日出》里只能使人起骈拇枝指之感。如果把有关这段故事的部分——第一幕后部以及第三幕全部——完全割去，全剧不但没有损失，而且布局更较紧凑。第三幕毛病很多，它的四方八面的烘染比较宜于电影而不易表演于剧台，并且就很怀疑曹禺先生对于他所写的北方三等妓院有正确深刻的认识。

曹禺先生对于第三幕不肯割爱的苦衷，我们也不难想象到。割去第三幕，全剧就要变成一篇独幕剧，他在附注里虽然声明"第三四幕发生的时间是在第一二幕一星期后"，其实割去第三幕之后，把附带的穿插略加更动——如银行小书记黄省三失业而毒杀全家人之类——《日出》是很容易改成独幕剧的。剧景始终是"在××旅馆的一间华丽的休息室内"，重要的剧情也并没有改场换面的必要。曹禺先生便把一篇独幕剧的材料做成一篇多幕剧，于是插进本非必要的第三幕来改换一下场面，又把第四幕的时间不必要地移后一星期。这虽是一种救济，可是也暴露出这部戏的基本的弱点。《日出》的主要阵容根本没有生展，陈白露失望自杀的阵容从第一幕就布好——作者不是常提起那瓶安眠药？《日出》的性格根本没有生展，陈白露始终是一位堕落的摩登少女，方达生也始终是一位老实呆板令人起喜剧之感的书呆子《日出》所用的全是横断面的描写法，一切都在同时间之内摆在眼前，各部分都很生动痛快，而全局却不免平直板滞。

最后，我读完《日出》，想到作剧的一个根本问题，就是作者对于人生世相应该持什么样的态度，他应该很冷静很酷毒地把人生世相的本来面目揭给人看呢？还是送一点"打鼓骂曹"式的义气，在人生世相中显出一点报应昭彰的道理来，自己心里痛快一场，叫观众看着也痛快一场呢？对于这两种写法我不敢武断地说哪一种最好，我自己是一个很冷静的人，比较喜欢第一种，而不喜欢在严重的戏剧中尝甜蜜。在《日出》中我不断地尝到义愤发泄后的甜蜜。"小东西"不肯受金八的蹂躏，下劲打他一耳光，我—— 一个普通的观众——看得痛快；她不受阿根的欺侮，又下劲打他一耳光，那是我亲眼看见的，更觉得痛快。不过冷静下来一想，这样勇敢的举动和憨痴懦弱的"小东西"的性格似不完全相称，我很疑心金八和阿根所受的那几个巴掌，是曹禺先生以作者的资格站出来打的。李石清裁去了黄省三，逼得他失业，毒杀全家，图谋自杀。潘月亭听到债券大涨的消息，不怕李石清漏掉他的底细，当面臭骂他一顿。但是转瞬间电话机一响，债券大落了。李石清马上就回敬潘月亭一顿臭骂，继着就是疯狂的黄省三出场揶揄李石清。古话说得好，"善恶报应，就在眼前"。我—— 一个普通的观众一看到这里，觉得痛快，觉得要金圣叹来下一句眉批："读此当浮一大白！"但是这究竟是小说，实际上在这个悲惨世界里，有冤不得伸，有仇不得报，哑口吃黄连，苦在心里，是比较更平常的事。陈白露堕落失望，自杀；"小东西"不堪妓院的虐待，自杀；潘月亭投机失败，自杀；黄省三失业没有方法养家活口自杀。人反正不过是一条命，到了绝路便能够自杀毕竟也还是一件痛快事，但是这究竟也还是小说，是电影。实际上在这个悲惨世界里这条命究竟不是可以这样轻易摆布得去，有许多陈白露在很厌倦地捱他们的罪孽的生命，有许多"小东西"很忠于职守地卖她们的皮肉，有许多潘月亭翻了一个筋头又成了好汉，大家行尸走肉似地在悲剧生活中翻来覆去，而没有意识到自己是在演悲剧。这就是我们时代的最大的悲剧。在第三幕附注中曹禺先生告诉我们他不肯因为"叫'太太小姐们'看着舒服些"而救"小东西"的命，他能说几句话，我相信他多少能够接收我这一点拙见。可是在实际上，"叫'太太小姐们'看着舒服些"，对于作剧家是一个很大的引诱，而曹禺先生也恐怕在无意之中受了这种引诱的迷惑。

《日出》的布景与命题显然有一种象征的意义。我们看完《日出》，不能不问：黑暗去了，光明来了，以后的事情究竟怎样呢？方达生在最后一幕收场所给我们的希望是："我们要一齐做点事，跟金八拼一拼。"这不能不使我们觉得这是一种"倒降顶点"（anti-climax）。偌大的来势就落到这么一个收场么？杀了金八，就能把这个黑暗世界改成光明的么？我们觉得，方达生那么一个心有余而力不足的书呆子实在不能担当《日出》以后的重大责任。他的性格应该写得比较聪明活泼些，比较伟大些。他对于阿根所鄙弃的提夯杵唱夯歌的劳动阶级，应该不仅只有一种书生的同情，应该还有一种有组织有计划的关联。曹禺先生所暗示的一线光明始终是在后台，始终是一种陪衬。我们不能使它更较密切地和主要动作打成一片，甚至于特别留一幕戏的地位给它么？

　　以上都是对于贤者求全责备的话。让这一面之词发表出去，对于《日出》实在不很公平。《日出》有许多好处，如果我有时间和篇幅，我可以做一篇比这篇较长的文章来写我对于它的赞赏。不过我想"捧场"的话，对于曹禺先生这样一个有希望的聪明作家是不必需的。以他那一管伶俐生动的笔，我们有理由盼待更完善的作品出来。我真有些舍不得放下笔，他所描写的那一群活灵活现的坏蛋——张乔治，阿根，潘月亭，李石清，尤其是那个顾八奶奶和他的"面首"胡四——真叫人舍不得分手！

与梁实秋先生论"文学的美"

实秋兄：

许多朋友都谈到你在《东方杂志》新年号所发表的《文学的美》，老早就想拜读，一直到今日才能读到，在费许多力找到一册《东方杂志》之后。你说的很斩截，一点不含糊，我读了觉得很痛快。你所谈的问题在我心里也盘桓了好久，我的意见也经过几番冲突。就现在说，我对于尊见有相同也有不相同的地方。意见不同，参较起来，往往顶有趣。所以我写这封信来和你一商量。

你那篇文章有三个要点：

一、"美学的原则往往可以应用到图画音乐，偏偏不能应用到文学上去，即使能应用到文学上去，所讨论的也只是文学上最不重要的一部分——美。"

二、"文学的美只能从文字上着眼。"文字的美不外音乐的美和图画的美，而这两种美在文学上都有限度，所以"美在文学里的地位是不重要的。"

三、文学的题材是"人的活动"，"文学家不能没有人生观，不能没有思想的体系。因此文学作品不能与道德无关。""若是读文学作品而停留在美感经验的阶段，不去探讨其道德的意义，虽然像是很'雅'，其实是'探龙颔而遗骊珠'"。"文学是道德的，但不注重宣传道德。"

这三个要点又可归纳到一个基本观念里去——"文学的道德性"。"类型"不能混淆，文学所以特异于其他艺术的就是它的道德性。其他艺术可以只是美，而在文学中美并不重要，最重要的是道德性。

"摘句"不是妥当的办法，你提出很多的例证说明你的基本主张，要完全明白你的意思，自然要读你的原文全豹。不过我希望在这个提要里我没有误解你的学说。我现在分条陈述鄙见聊供参较。

一、美学原理是否可以应用在文学上呢？你的意思是：美学要"分析快乐的内容，区别快乐的种类"，而文学批评"最重要的问题乃是'文学应该不应该以快乐为最终目的'；这'应该'两个字是美学所不过问而是伦理学的中心问题，所以文学批评与哲学之关系，以对伦理学为最密切。"你的意思是要着重"自然科学"与"规范科学"的分别，这是对的；你把美学看成"自然科学"，这也是对的。不过你如果以为文学批评和伦理学只能是"规范科学"而不能同时是"自然科学"恐怕有点问题。伦理学已从"规范科学"逐渐转为"自然科学"，文艺批评好像也有这种趋势。这就是说，它们不仅坐在太师椅上用严厉的口吻叫人"应该如此不应该如彼"，而同时也用自然科学方法证明"事实是如此如此"。你自己在那篇文章里就常用这第二种方法。如果承认文艺批评有同时是"自然科学"的可能，我想它和美学的关系或不如你所说的那样不重要。因为美学的功用除你所说的"分析快乐的内容，区别快乐的种类"之外还要分析创造欣赏的活动，研究情感意象和传达媒介的关系，以及讨论一种作品在何种条件之下才可以用"美"字形容；而这些工作也是文艺批评所常关心的，每个重要的批评家——从希腊时代到现代——都可以为例证。《文学的美》的作者也似乎因文学批评而牵涉到美学问题。我以为美学和文艺批评确实有一个重要的异点，但是它不在一个是"自然科学"一个是"规范科学"，而在一个是"纯粹科学"（美学）一个是"应用科学"（文艺批评）。文艺批评不能不根据美学，正犹如应用科学不能不根据纯粹科学。

二、文学的美是否只能从文字上着眼呢？这要看"美"怎样讲，和"文字"怎样讲。"美"字不容易讲清楚，但是我觉得你所给的美的定义非常简单恰当。"一件事物在客观上须具美的条件，而欣赏者在主观上亦须具备审美的修养。有修养的人遇见一个美的条件具备的物，美感经验便可以发生。"这个定义包含三项要素：（一）物的美的条件，（二）人的审美修养，（三）人与物接触后所生的美感经验。如果离开这三要素中任何一项而去讲美，不是犯唯心主义的毛病，就是犯唯物主义的毛病，你自己在那篇文章里说得很清楚。不过在阐明你的基本学说时，你似乎放弃了你的出发点，而专从第一个要素——物的美的条件——去讲文学的美。这办法有毛病，你所举的 Birkhoff 的例子和 Perry 的例子都可以证明。物的条件的美尽管相同——如 Perry 的两个例子——而在事实上可以不是同样的美。所以你从文字所给的声音和图画两方面讨论"文学的美"，恐怕还是像一般分析技巧者一样，只能注意到形骸而遗去精髓。这种办法本来是你所反对的，但是你认定文学的美只能在音乐图画上见出，恐怕要被逼走上这条路。

其次，讲到"文字"问题，你所说的"文学的美只能从文字上着眼"可以作两样解法。一、文学所表现的都要借文字为媒介而传达出去；要了解文学的美，一定要根据文字所传达的。二、文学所用的文字本身有某几方面可以见出美，而文学的美也一定只能从这几方面见出。前一种看法是无可辩驳的，后一种看法无疑地是错误的，而且从你的文学见解看你一定以为它是错误的。但是你在说"文学的美只能从文字上着眼"时，你是指哪一种解法呢？你说，文字包含（一）声音，（二）图画，（三）情感经验，人生社会现象，道德意识等三要素。在这三要素之中，你只承认声音和图画可以美，而情感经验，人生社会现象，道德意识等则"与美无关"。这样看来，你似乎在无心之中采用上述第二种解法。至少，你的"文学的美只能从文字上着眼"一句话，如果说得明白一点，应该是"文学的美只能在文字所给的一部分东西上——音乐和图画——见出"。

这一说在你那篇文章里最为创见，也最易引人怀疑。何以情感经验，人生社会现象，以至于道德意识不能成为美感经验的对象呢？你的基本学说能否成立，就要看你对于这个问题能否回答得圆满。你在那篇文章里似乎没有给读者所期望的答复。

问题的焦点在你所说的"图画"两个字。它可以指（一）画家的作品（picture），可以指（二）心中的视觉意象（visual image），可以指（三）心中的一切意象（mental image），包含视听嗅味触运动诸器官所生的印象在内，也可以指（四）心中一切观照的对象（object of contemplation），即一般人所说的"意境"。文学的"图画"究竟是指哪一种呢？你所说的"图画"似乎专指"视觉意象"，所以你说"离开视觉便无所谓意境"。不过我的一点心理学和文艺的粗浅常识令我对于这种看法起怀疑。视觉以外的器官都不能产生意象么？文艺绝对不用视觉以外的意象么？这一层还是小事，最大的问题是你把文学中的情感经验、人生社会现象和道德意识都认为"与美无关"。你所以达到这个结论似乎因为你想这些东西不能成为"图画"，不错，它们不能成为"视觉意象"；但是它们可以成为"观照对象"，或"意境"。可以成为"观照对象"的事物都有令人觉到"美"的可能。这是柏拉图在《会饮篇》里所得的结论，后来思想家作同样看法的不可胜数。康德的名言也可以为证。他说："世间有两件事物你愈观照愈觉其伟大幽美，一是天上的繁星，一是我们心里的道德律。"一切"好"的东西都可以看成"美"的，这也是常识所给的判断。在中文里，"好"与"美"有时是同义字，你也许比我知道得更清楚。希腊文和近代德文都只有一个字（kavos 和 schön）公用于"好"与"美"。在英文里"好"（good）和"美"（beautiful）虽分开，有时也可以互代。法文的"好"（bon）和"美"（bean）也是如此。你在那篇文章末尾引《创世纪》第一段说"有人曾指陈：上帝看光是好的，没有看光是美的，……虽是神话，可深长思。"我不懂希伯来文，不知"好"字在原文中所有的分寸，不过就语气而论，我觉得这里"好"字并不必是专指"善"或专指"美"，而是同时指"善"又指"美"的，也许指"美"的成分还更多。

你的文学的图画观还逼你走上另一种可使人认为危险的路，就是否认长篇作品可以当作一个完整的"意境"看。你说，"像日本芭蕉的俳句……寥寥十余字，画出一个完美的意境。长了便不行。……莎士比亚的伟大的悲剧……谈不到什么意境。顶多我们只可以摘句，说某某佳句有好的意境；若就整个的来讲，其意义当别有所在。……所谓意境在伟大作品里永远是点缀而已。"你和我都同样地爱好"古典"。你在这里似乎放弃了"古典主义"一个基本信条——艺术的有机的完整性。这层姑且不说，且信任常识。我们不能把莎士比亚的《李尔王》或是弥尔顿的《失乐园》看作一座伟大的建筑，在心中造成一个丰富而完整的意象，而觉得它的部分与部分以及部分与全体互相映衬，互相撑持，互相调么？就拿图画来作比，我们不能把它看作一幅长手卷或是一间大壁画，而觉到它前后左右景物的承接，阴阳照应，气魄贯注么？前人本有诗不宜长的说法，爱伦·坡和你同样想，你所攻击的克罗齐也和你同样想。不过他们所以为不能延长持久的是情感，而你所指的是"图画"是"意境"。情感和意境本相连，不过情感能否延长持久和意境能否延长持久似为两个不同的问题。把你的学说推到它不可免的结论，欣赏长篇作品就成为不可能的事了。

三、"文学家不能没有人生观，不能没有思想的体系，因此文学作品不能与道德无关。"在这个基本问题上我和你的态度是完全一致的。不过你以为"与道德有关"是文学所以异于其他艺术的。你在第一段里说，看一幅画，我们只能说"美"，看一篇文学作品，我们不能只说"美"，还得说"好"。你在最后一段里说，"文艺虽是艺术而不纯是艺术，文学和音乐图画是不同的"，所谓"不纯是艺术"者则在"文学家不能没有人生观，不能没有思想的体系，文学作品不能与道德无关。"请问：站在同样的立场上，我们不能说其他艺术家也有同样的需要吗？想一想中世纪及文艺复兴时代的艺术全部，想一想贝多芬的乐曲，想一想中国所流行的文人画，我们可以说这些和文学不同在它们"与道德无关"吗？在它们的作者"没有人生观和思想的体系"吗？

其次，文艺是否有关道德是一个问题，文艺应否有意宣传道德又是另一个问题，你分辨得很清楚，但是你说读者读任何作品都必"探讨其道德的意义"，我也颇怀疑。作者既不必"宣传道德"，读者何以必须在他的作品中"探讨其道德的意义"呢？而且"与道德有关"和"有道德的意义"似也微有分别。一个作品可以"与道德有关"（就其为人生观照及产生影响而言）而没有"道德的意义"（就其不宣传道德教训而言）。你提起莎士比亚，我想来想去，除了他对于人生观照深广冷静而外，想不出他的哪一部作品里有所谓"道德的意义"。我相信我可以在无形中从读他的作品而得到道德的影响，但是我不能在他的任何作品里探讨出一个可以明白地叙述出来的"道德的意义"。不过关于这一层，我很愿自招愚昧。我只是提出一个愚昧者的疑问，不敢下什么结论。

话说得太冗长了。我现在把我的意见总束起来。维护文学的"道德性"，我和你同样地热心。我们所不同者：（一）你以为"道德性"是文学与其他艺术的相异点，文学不纯粹的是艺术，我以为它是一切艺术的公同点，文学是一种纯粹的艺术；（二）你以为"道德性"在文学中是超于美的，我以为它在文学中可以成为美感观照的对象，"真"与"善"可以用"美"字形容，正犹如"美"可以用"真"字或"善"字形容；（三）因为上述两种分歧，你所谓"美"意义比较狭窄，专指文字所给的音乐和图画，所以你认为"美"在文学中最不重要；我所谓"美"涵义较广，指文字所传达的一切——连情感思想在内，所以我认为"美"在文学中的重要不亚于其他艺术。这些都是基本上的分别。至于（一）美学原则可否应用于文学批评和（二）长篇作品可否具完整意境两点似乎都是枝节问题。

我觉得你在《文学的美》里所提出来的是一个很重要的问

题，值得大家仔细讨论。我在这封信里所写出来的是对于这个问题的另一种看法。我很希望你能够抽出一点工夫来把它衡量一下，不客气地加以评正。

专此顺颂著祺。

弟朱光潜敬启

第五章

人生唯有读书好

谈 升 学 与 选 课

朋友：

你快要在中学毕业，此时升学问题自然常在脑中盘旋。这一着也是人生一大关键，所以，值得你慎而又慎。

升学问题分析起来便成为两个问题，第一是选校问题，第二是选科问题。这两个问题自然是密切相关的，但是为说话清晰起见，分开来说，较为便利。

我把选校问题放在第一，因为青年们对于选校是最容易走入迷途的。现在中国社会还带有科举时代的资格迷。比方小学才毕业便希望进中学，大学才毕业便希望出洋，出洋基本学问还没有做好，便希望掇拾中国古色斑斑的东西去换博士。学校文凭只是一种找饭碗的敲门砖。学校招牌愈亮，文凭就愈行，实学是无人过问的。社会既有这种资格迷，而资格买卖所便乘机而起。租三间铺面，拉拢一个名流当"名誉校长"，便可挂起一个某某大学的招牌。只看上海一隅，大学的总数比较英或法全国大学的总数似乎还要超过，谁说中国文化没有提高呢？大学既多，只是称"大学"还不能动听，于是"大学"之上又冠以"美国政府注册"的头衔。既"大学"而又在"美国政府注册"，生意自然更加茂盛了。何况许多名流又肯"热心教育"做"名誉校长"呢？

朋友，可惜这些多如牛毛的大学都不能解决我们升学的困难，因为那些有"名誉校长"或是"美国政府注册"的大学，是预备让有钱可花的少爷公子们去逍遥岁月，像你我既无钱可花，又无时光可花，只好望望然去罢。好在它们的生意并不会因我们"杯葛"而低落的，我们求学最难得的是诚恳的良师与和爱的益友，所以选校应该以有无诚恳、和爱的空气为准。如果能得这种学校空气，无论是大学不是大学，我们都可以心满意足。做学问全赖自己，做事业也全赖自己，与资格都无关系。我看过许多留学生程度不如本国大学生，许多大学生程度不如中学生。至于凭资格去混事做，学校的资格在今日是不大高贵的，你如果作此想，最好去逢迎奔走，因为那是一条较捷的路径。

升学问题，跨进大学门限以后，还不能算完全解决。选科选课还得费你几番踌躇。在选课的当儿，个人兴趣与社会需要尝不免互相冲突。许多人升学选课都以社会需要为准。从前人都欢迎速成法政；我在中学时代，许多同学都希望进军官学校或是教会大学；我进了高等师范，那要算是穷人末路。那时高等师范里最时髦的是英文科，我选了国文科，那要算是腐儒末路。杜威来中国时，哥伦比亚大学的留学生把教育学也弄得很热闹。近来书店逐渐增多，出诗文集一天容易似一天，文学的风头也算是出得十足透顶。听说现在法政经济又很走时了。朋友，你是学文学或是学法政呢！"学以致用"本来不是一种坏的主张；但是资禀兴趣人各不同，你假若为社会需要而忘却自己，你就未免是一位"今之学者"了。任何科目，只要和你兴趣资禀相近，都可以发挥你的聪明才力，都可以使你效用于社会。所以你选课时，旁的问题都可以丢开，只要问："这门功课合我的胃口么？"

我时常想，做学问，做事业，在人生中都只能算是第二桩事。人生第一桩事是生活。我所谓"生活"是"享受"，是"领略"，是"培养生机"。假若为学问为事业而忘却生活，那种学问事业在人生中便失其真正意义与价值。因此，我们不应该把自己看做社会的机械。一味迎合社会需要而不顾自己兴趣的人，就没有明白这个简单的道理。

我把生活看做人生第一桩要事，所以不赞成早谈专门；早谈专门便是早走狭路，而早走狭路的人对于生活常不能见得面面俱到。前天 G 君对我谈过一个故事，颇有趣很可说明我的道理。他说，有一天，一个中国人一个印度人和一位美国人游历，走到一个大瀑布前面，三人都看得发呆；中国人说："自然真是美丽！"印度人说："在这种地方才见到神的力量呢！"美国人说："可惜偌大水力都空费了！"这三句话各各不同，各有各的真理，也各有各的缺陷。在完美的世界里，我们在瀑布中应能同时见到自然的美丽，神力的广大和水力的实用。许多人因为站在狭路上，只能见到诸方面的某一面，便说他人所见到的都不如他的真确。前几年大家曾像煞有介事地争辩哲学和科学，争辩美术和宗教，不都是坐井观天诬天渺小么？

我最怕和谈专门的书呆子在一起，你同他谈话，他三句话就不离本行。谈到本行以外，旁人所以为兴味盎然的事物，他听之则麻木不能感觉。像这样的人是因为做学问而忘记生活了。我特地提出这一点来说，因为我想现在许多人大谈职业教育，而不知单讲职业教育也颇危险。我并非反对职业教育，我却深深地感觉到职业教育应该有宽大自由教育（Liberal education）做根底。倘若先没有多方面的宽大自由教育做根底，则职业教育的流弊，在个人方面，常使生活单调乏味，在社会方面，常使文化肤浅褊狭。

许多人一开口就谈专门（specialization），谈研究（research work）。他们说，欧美学问进步所以迅速，由于治学尚专门。原来不专则不精，固是自然之理，可是"专"也并非是任何人所能说的。倘若基础树得不宽广，你就是"专"，也决不能专到多远路。自然和学问都是有机的系统，其中各部分常息息相通，牵此则动彼。倘若你对于其他各部分都茫无所知，而专门研究某一部分，实在是不可能的。哲学和历史，须有一切学问做根底；文学与哲学历史也密切相关；科学是比较可以专习的，而实亦不尽然。比方生物学，要研究到精深的地步，不能不通化学，不能不通物理学，不能不通地质学，不能不通数学和统计学，不能不通心理学。许多人连动物学和植物学的基础也没有，便谈专门研究生物学，是无异于未学爬而先学跑的。我时常想，学问这件东西，先要能博大而后能精深。"博学守约"，真是至理名言。亚理斯多德是种种学问的祖宗。康德在大学里几乎能担任一切功课的教授。歌德盖代文豪而于科学上也很有建树。亚当·斯密是英国经济学的始祖，而他在大学是教授文学的。近如罗素，他对于数学、哲学、政治学样样都能登峰造极。这是我信笔写来的几个确例。西方大学者（尤其是在文学方面）大半都能同时擅长几种学问的。

我从前预备再做学生时，也曾痴心妄想过专门研究某科中的某某问题。来欧以后，看看旁人做学问所走的路径，总觉悟像我这样浅薄，就谈专门研究，真可谓"颜之厚矣！"我此时才知道从前在国内听大家所谈的"专门"是怎么一回事。中国一般学者的通病就在不重根基而侈谈高远。比方"讲东西文化"的人，可以不通哲学，可以不通文学和美术，可以不通历史，可以不通科学，可以不懂宗教，而信口开河，凭空立说；历史学者闻之窃笑，科学家闻之窃笑，文艺批评学者闻之窃笑，只是发议论者自己在那里洋洋得意。再比方著世界文学史的人，法国文学可以不懂，英国文学可以不懂，德国文学可以不懂，希腊文学可以不懂，中国文学可以不懂，而东抄西袭，堆砌成篇，使法国文学学者见之窃笑，英国文学学者见之窃笑，中国文学学者见之窃笑，只是著书人在那里大吹喇叭。这真所谓"放屁放屁，真正岂有此理！"

朋友，你就是升到大学里去，千万莫要染着时下习气，侈谈高远而不注意把根基打得宽大稳固。我和你相知甚深，客气话似用不着说。我以为你在中学所打的基本学问的基础还不能算是稳固，还不能使你进一步谈高深专门的学问。至少在大学头一二年中，你须得尽力多选功课，所谓多选功课，自然也有一个限制。贪多而不务得，也是一种毛病。我是说，在你的精力时间可能范围以内，你须极力求多方面的发展。

最后，我这番话只是对你的情形而发的。我不敢说一切中学生都要趁着这条路走。但是对于预备将来专门学某一科而谋深造的人，——尤其是所学的关于文哲和社会科学方面，——我的忠告总含有若干真理。

同时，我也很愿听听你自己的意见。

回忆二十五年前的香港大学

　　看过《伊利亚随笔集》的人看到这个题目，请不要联想到兰姆的《三十五年前的基督慈幼学校》(*Charles Lamb: Essays of Elia: Christ Hospital 35 Years Ago*)那篇文章。我没有野心要模拟那种不可模拟的隽永风格。同学们要出一个刊物，专为同学们自己看，把对于母校的留恋和同学间的友谊在心里重温一遍，这也是一种乐趣。我的意思也不过趁便闲谈旧事，聊应通信，和许多分散在天涯海角的朋友们至少可以在心灵上多一次会晤。写得好坏，那是无关重要的。

　　第一次欧战刚刚完结，教育部在几个高等师范学校里选送了二十名学生到香港大学去学教育，我是其中之一。当时政府在北京，我们二十人虽有许多不同的省籍，在学校里却通被称为"北京学生"。"北京学生"在学校里要算一景。在洋气十足的环境中，我们带来了十足的师范生的寒酸气。人们看到我们有些异样，我们看人们也有些异样。但是大的摩擦却没有。学会容忍"异样"的人就受了一种教育，不能容忍"异样"的人见了"异样"增加了自尊感，不能受"异样"同化的人见"异样"，也增加了对于人世的新奇感。所以港大同学虽只有四百余人，因为各种人都有，色调很不单纯，生活相当有趣。

我很懊悔，这有趣的生活我当时未能尽量享受。"北京学生"大抵是化外之民，而我尤其是像在鼓里过日子。一般同学的多方面的活动我有时连作壁上观的兴致也没有。当时香港的足球网球都很负盛名，这生来与我无缘。近海便于海浴，我去试了两三次，喝了几口咸水，被水母咬痛了几回，以后就不敢再去问津了。学校里演说辩论会很多，我不会说话，只坐着望人开口。当时学校里初收容女生，全校只有何东爵的两个女儿欧文小姐和伊琳小姐两人，都和我同班。我是若无其事，至少我不会把她们当女子看待。广东话我不会说，广东菜我没有钱去吃，外国棋我不会下，连台球我也不会打。同学们试想一想，有了这段自供，我的香港大学生的资格不就很有问题么？

读书我也不行。从高等师范国文系来的英文自然比不上好些生来就说英文的同学。记得有一次作文，里面说到坐人力车和骑马都不是很公平的事，被一位军官兼讲师的先生痛骂了一场。有一夜生了病，第二天早晨浮斯特教授用当时很称新奇的方法测验智力，结果我是全班中倒数第一，其低能可想而知。但是我在学校里和朱跌苍和高觉敷有 three wise men 的诨号，wise men（哲人）自然是 queer fish（怪物）的较好听的代名词。当时的同学大约还记得香港植物园的一件值得注意的事，常见三位老者，坐在一条凳上晒太阳，度他们悠闲的岁月。朱高两人和我形影相伴，容易使同学们联想到那三位老者，于是只有那三位老者可以当的尊号就落到我们三位"北京学生"的头上了。

我们三人高矮差不多，寒酸差不多，性情兴趣却并不相同，往来特别亲密的缘故是同是"北京学生"，同住梅舍（May Hall），而又同有午后散步的习惯。午后向来课少，我们一有闲空，便沿着梅舍后小径经过莫理孙舍（Morrison Hall）向山上走，绕几个弯，不到一个小时就可以爬到山顶。在山顶上望一望海，吸一口清气，对于我成了一种瘾。除掉夏初梅雨天气外，香港老是天朗气清，在山顶上一望，蔚蓝的晴空笼罩着蔚蓝的海水，无数远远近近的小岛屿上耸立着青葱的树林，红色白色的房屋，在眼底铺成一幅幅五光十彩的图案。霎时间把脑袋里一些重载卸下，做一个"空空如也"的原始人，然后再循另一条小径下山，略有倦意，坐下来吃一顿相当丰盛的晚餐。香港大学生的生活最使我留恋的就是这一点。写到这里，我鼻孔里还嗅得着太平山顶晴空中海风送来的那一股清气。

我瞑目一想，许多旧面目都涌现到面前。终年坐在房里用功、虔诚的天主教徒郭开文，终年只在休息室里打棒球下棋、我忘了姓名只记得诨号的"棋博士"，最大的野心在娶一个有钱的寡妇的姚医生，足球领队的黄天锡，辩论会里声音嚷得最高的非洲人，眯眼的日本人，我们送你一大堆绰号的四川人"Mr.

Collins"①，一天喝四壶开水的"常识博士"，我们"北京学生"让你领头，跟着你像一群小鸡跟着母鸡去和舍监打交涉的 Tse Foo（朱复），梅舍的露着金牙齿微笑的 No One（宿舍里的斋夫头目）……朋友们，我还记得你们，你们每一个人都曾经做过我开心时拿来玩味的资料，于今让我和你们每一个人隔着虚空握一握手！

老师们，你们的印象更清晰。在教室里不丢雪茄的老校长爱理阿特爵士，我等待了四年听你在课堂指导书里宣布要讲的中国伦理哲学，你至今还没有讲。尽管你关于"佛学"的巨著曾引起我的敬仰。还有天气好你就来，天气坏你就回英国，像候鸟似的庞孙倍芬先生，你教我们默写和作文，把每一个错字都写在黑板上来讲一遍，我至今还记得你的仁慈和忍耐。工科教授勃朗先生，你不教我的课，也待我好，我记得你有规律的生活，我到苏格兰，你还差过你的朋友一位比利时小姐来看我，你托她带给我的那封长信我至今似乎还没有回。提起信，我这不成器的老欠信债的学生，你，辛博森教授，更有理由可以责备我。但是我的心坎里还深深映着你的影子。你是梅舍的舍监，英国文学教授，我的精神上的乳母。我跟你学英文诗，第一次读的是《古舟子咏》，我自己看第一遍时，那位老水手射死海鸟的故事是多么干燥无味而且离奇可笑，可是经过你指点以后，它的音节和意象是多么美妙，前后穿插安排是多么妥

---

① 英国女小说家简·奥斯丁的《傲慢与偏见》中一个可笑的角色。

帖！一个艺术家才能把一个平凡的世界点染成为一个美妙的世界，一个有教书艺术的教授才能揭开表面平凡的世界，让蕴藏着美妙的世界呈现出来。你对我曾造成这么一种奇迹。我后来进了你进过的学校——爱丁堡大学——就是因为我佩服你。可是有一件事我忘记告诉你，你介绍我去见你太太的哥哥，那位蓝敦大律师，承他很客气，再三嘱咐我说："你如果在法律上碰着麻烦，请到我这里来，我一定帮助你。"我以后并没有再去麻烦他。

最后，我应该特别提起你，奥穆先生，你种下了我爱好哲学的种子。你至今对于我还是一个谜。牛津大学古典科的毕业生，香港法院的审判长，后来你回了英国，据郭秉和告诉我，放下了独身的哲学，结了婚，当了牧师。你的职业始终对于你是不伦不类。你是雅典时代的一个自由思想者，落在商业化的大英帝国，还缅想柏拉图、亚理斯多德在学院里从容讲学的论道的那种生活，我相信你有一种无人可告语的寂寞。你在学校里讲课不领薪水，因为教书拿钱是苏格拉底所鄙弃的。你教的是伦理学，你坚持要我们读亚理斯多德，我们瞧不起那些古董，要求一种简赅明了的美国教科书。你下课时，我们跟在你后面骂你，虽是隔着一些路，却有意"使之闻之"，你摆起跛腿，偏着头，若无其事地带着微笑向前走。校里没有希腊文的课程，你苦劝我到你家里去跟你学，用汽车带我去你家学，我学了几回终于不告而退。这两件事我于今想起，面孔还要发烧。可是我可以告诉你，由于你的启发，这二十多年来我时常在希腊文艺与哲学中吸取新鲜的源泉来支持生命。我也会学你，想尽我一点微薄的力量，设法使我的学生们珍视精神的价值。可是我教了十年的诗，还没有碰见一个人真正在诗里找到一个安顿身心的世界，最难除的是腓力斯人（庸俗市民）的根性。我很惭愧我的无能，我也开始了解你当时的寂寞。写到这里，不免有些感伤，不想再写下去，许多师友的面孔让我留在脑里慢慢玩味吧！香港大学，我的慈母，你呢，于今你所哺育的子女都星散了，你在那山峰的半腰，像一个没有鸟儿的空巢（当时香港被日本人占领了），你凭视海水闻到腥臭，你也一定有难言的寂寞！什么时候我们这一群儿女可以回巢，来一次大团聚呢？让我们每一个人遥祝你早日恢复健康与自由！

我与文学

　　我生平有一种坏脾气，每到市场去闲逛，见一样就想买一样，无论是怎样无用的破铜破铁，只要我一时高兴它，就保留不住腰包里最后的一文钱，我做学问也是如此。今天丢开雪莱去看守薰烟鼓测量反应动作，明天又丢开柏拉图，去在古罗马地道阴森曲折的坟窟中溯"哥特式"大教寺的起源。我已经整整做过三十年的学生，这三十年的光阴都是这样东打一拳西踢一脚地过去了。

　　在现代社会制度和学问状况之下，百科全书式的学者已经没有存在的可能，一个人总得在许多同样有趣的路径之中选择一条出来走。这已经成为学术界中不成文的宪法，所以读书人初见面，都有一番寒暄套语，"您学哪一科？""文科。""哪一门？""文学。"假如发问者也是学文学的，于是"哪一国文学，哪一方面？哪一时代？哪一个作者？"等问题就接着逼来了。我也是屡次被人这样一层紧逼一层地盘问过，虽然也照例回答，心中总不免有几分羞意，我何尝专门研究文学？何况是哪一方面和哪一时代的文学呢？

在许多歧途中，我也碰上文学这条路，说来也颇堪一笑。我立志研究文学，完全由于字义的误解。我在幼时所接触的小知识阶级中，"研究文学"四个字只有两种流行的涵义：做过几首诗，发表几篇文章，至于翻译过几篇伊索寓言或是安徒生童话，就算"研究文学"。其次随便哼哼诗念念文章或是看看小说，也是"研究文学"。我幼时也喜欢哼哼诗念念文章，自以为比做诗发表文章者固然不敢望尘，若云哼诗念文即研究文学，则我亦何敢多让？这是我走上文学路的一个大原因。

谁知道区区字义的误解就误了我半世的光阴！到欧洲后见到西方"研究文学"者所做的工作以及他们所有的准备，才懂庄子海若望洋而叹的比喻，才知道"研究文学"这个玩意儿并不像我原来所想象的那样简单，尤其不像我原来所想象的那样有趣。文学并不是一条直路通天边，由你埋头一直向前走，就可以走到极境的。"研究文学"也要绕许多弯路，也要做许多干燥辛苦的工作。学了英文还要学法文，学了法文还要学德文、希腊文、意大利文、印度文，等等；时代的背景常把你拉到历史哲学和宗教的范围里去；文艺原理又逼你去问津图画、音乐、美学、心理学等学问。这一场官司简直没有方法打得清！学科学的朋友们往往羡慕学文学者天天可以逍闲自在地哼诗看小说是幸福，不像他们自己天天要埋头记干燥的公式，搜罗干燥的事实。其实我心里有苦说不出，早知道"研究文学"原来要这样东奔西窜，悔不如学得一件手艺，备将来自食其力。我现在还时时存着学做小儿玩具或编藤器的念头。学会做小儿玩具或编藤器，我还是可以照旧哼诗念文章，但是遇到一般人对于"研究文学"者"专门哪一方面？"式的问题就可以名正言顺地置之不理了。那是多么痛快的一大解脱！

我这番话并不是要唐突许多在外国大学中预备博士论文者，只是向国内一般青年自道甘苦。青年们免不掉像我一样有一个嗜好文艺的时期，在现代中国学风之中，也恐怕免不掉像我一样以哼诗念文章为"研究文学"，倘若他们再像我一样因误解字义而走上错路，自然也难免有一日要懊悔。文艺像历史哲学两种学问一样，有如金字塔，要铺下一个很宽广笨重的基础，才可以逐渐砌成一个尖顶出来。如果入手就想造成一个尖顶，结果只有倒塌。中国学者对于西方文艺思想和政教已有半世纪的接触了，而仍然是隔膜，不能不归咎于只想望尖顶而不肯顾到基础。在文艺、哲学、历史三种学问中，"专门"和"研究工作"种种好听的名词，在今日中国实在都还谈不到。

这番话只是一个已经失败者对于将来想成功者的警告。如果不死心塌地做基础工作，哼哼诗念念文章可以，随便做做诗发表几篇文章也可以，只是不要去"研究文学"。像我费过二三十年工夫的人还要走回头来学编藤器做小儿玩具，你说冤枉不冤枉！

谈学文艺的甘苦

亲爱的朋友们：

　　这个题目是丏尊先生出给我做的。他说常接到诸位的信，怪我近来少替《中学生》写文章，现在《中学生》预备出"文艺特辑"，希望我说几句切实的话。诸位的厚意实在叫我万分惭愧。我从前常给诸位写信时，自己还是一个青年，说话很自在，因为我知道诸位把我当作一个伙伴看待。眼睛一转，我现在已经糊糊涂涂闯进中年了。因为教书，和青年朋友们接触的机会还是很多，但是我处处感觉到自己已从青年侪辈中落伍出来了。我虽然很想他们仍然把我看作他们中间一个人，但是彼此中间终于是隔着一层什么似的，至少是青年朋友们对于我存有几分歧视。这是常使我觉得悲哀的一件事。我歇了许久没有说话，一是没有工夫去说；二是没有兴会去说；三是没有勇气去说。至于我心里却似一个多话的老年人困在寂寞里面，常渴望有耐烦的年轻人听他唠叨地剖白心事。

我担任的是文学课程。那些经院气味十足的文艺理论不但诸位已听腻了，连我自己也说腻了。平时习惯的谦恭不容许我说我自己，现在和朋友们通信，我不妨破一回例。我以为切己的话才是切实的话，所以我平时最爱看自传、书信、日记之类赤裸裸地表白自己的文字。我假定你也是这样想，所以在这封信里我只说一点切身的经验。我所说的只是一些零星的感想，请恕我芜杂没有系统。

我对于做人和做学问，都走过许多错路。现在回想，也并不十分追悔。每个人的路都要由他自己摸索出来。错路的教训有时比任何教训都更加深切。我有时幻想，如果上帝允许我把这半生的账一笔勾销。再从头走我所理想的路，那是多么一件快事！但是我也相信，人生来是"事后聪明"的，纵使上帝允许我"从头再做好汉"，我也还得要走错路。只要肯摸索，到头总可以找出一条路来。世间只有生来就不肯摸索的人才会堕落在迷坑里，永远遇不着救星。

一般人常说，文艺是一种避风息凉的地方，在穷愁寂寞的时候，它可以给我们一点安慰。这话固然有些道理，但亦未必尽然。最感动人的文艺大半是苦闷的呼号。作者不但宣泄自己的苦闷，同时也替我们宣泄了苦闷，我们觉得畅快，正由于此。不过同时，伟大的作家们也传授我们一点尝受苦闷的敏感。人生世相，在健康的常人看，本来是不过尔尔，朦胧马虎地过活，是最上的策略。认识文艺的人，对于人生世相往往见出许多可惊可疑可痛哭流涕的地方，这种较异样的认识往往不容许他抱鸵鸟埋头不看猎犬式的乐观。这种认识固然不必定是十分彻底的，再进一步的认识也许使我们在冲突中见出调和。不过这种狂风暴雨之后的碧空晴日，大半是中年人和老年人的收获，而且古今中外的中年人和老年人之中有几人真正得到这种收获？苦闷的传染性极大，而超脱苦闷的彻底解悟之难达到，恐怕更甚于骆驼穿过针孔。我对于西方文学的认识是从浪漫时代起。最初所学得的只是拜伦式的伤感。我现在还记得在一个轮船上读《少年维特之烦恼》，对着清风夕照中的山河悄然遐想，心神游离恍忽，找不到一个安顿处，因而想到自杀也许是唯一的出路；我现在还记得十五年前，——还是二十年前？——第一次读济慈的《夜莺歌》，仿佛自己坐在花荫月下，嗅着蔷薇的清芬，听夜莺的声音越过一个山谷又一个山谷，以至于逐渐沉寂下去，猛然间觉得自己被遗弃在荒凉世界中，想悄悄静静地死在夜半的蔷薇花香里。这种少年时的热情、幻想和痴念已算是烟消云散了，现在回想起来，好像生儿养女的妇人打开尘封的箱箧，检点处女时代的古老的衣装，不免自己嘲笑自己，然而在当时它们费了我多方彷徨，多少挣扎！

青年们大概都有一个时期酷爱浪漫派文学，都要中几分伤感主义的毒。我自己所受的毒有时不但使我怀疑浪漫派文学的价值，而且使我想到柏拉图不许他的理想国里有诗人，也许毕竟是一种极大的智慧。无论对于人生或是对于文艺，不完全的认识常容易养成不健康的心理状态。我自己对于文艺不完全的认识酿成两种可悲哀的隔阂。第一种是书本世界和现实的隔阁。像我们这种人，每天之中要费去三分之二的时间抱书本，至多只有三分之一的时间可以应事接物。天天在史诗、悲剧、小说和抒情诗里找情趣，无形中就造成另一世界，把自己禁锢在里面，回头看自己天天接触的有血有肉的人物反而觉得有些异样。文艺世界中的豪情胜概和清思敏感在现实世界中哪里找得着？除非是你用点金术把现实世界也化成一个文艺世界？但是得到文艺世界，你就要失掉现实世界。爱好文艺的人们总难免有几分书呆子的心习，以书呆子的心习去处身涉世，总难免处处觉得格格不入。蜗牛的触须本来藏在硬壳里，它偶然伸出去探看世界，碰上了硬辣的刺激，仍然缩回到硬壳里去，谁知道它在硬壳里的寂寞？

我所感到的第二种隔阂可以说是第一种隔阂的另一面。人本来需要同情，路走得愈窄，得到同情的可能也就愈小。所见相同，所感才能相同。文艺所表现的固然有大部分是人人同见同感的，也有一部分是一般人所不常见到不常感到的。这一般人所不常见到不常感到的一部分往往是最有趣味的一部分。一个人在文艺方面天天向深刻微妙艰难处走，在实际生活方面，他就不免把他和他的邻人中间的墙壁筑得一天高厚似一天。说"今天天气好"，人人答应你"今天天气的确是好"；说"卡尔登今晚的片子有趣"，至少有一般爱看电影的人们和你同情。可是一阵清风吹来，你不能在你最亲爱的人的眼光里发现突然在你心中涌现的那一点灵感，你不能把莎士比亚的佳妙处捧献你的母亲，你不能使你的妻子也觉得东墙角的一枝花影，比西墙角的一枝花影意味更加深永。这个世界原来是让大家闲谈"今天天气好"的世界，此外你比较得意的话只好留着说给你自己听。

我对于文艺的认识是不完全的，我已经承认过。从大诗人和大艺术家的传记和作品看，较深厚的修养似乎能打消这种隔阂。不过关于这一点，我只好自招愚昧。上面所说的一番话也不尽是酸辛语，我有时觉得这种酸辛或许就是一种甜蜜。我的用意尤其不在咒骂文艺。我应该感谢文艺的地方很多，尤其是它教我学会一种观世法。一般人常以为只有科学的训练才可以养成冷静的客观的头脑。拿自己的前前后后比较，我自觉现在很冷静，很客观。我也学过科学，但是我的冷静的客观的头脑不是从科学得来的，而是从文艺得来的。凡是不能持冷静的客观的态度的人，毛病都在把"我"看得太大。他们从"我"这一副着色的望远镜里看世界，一切事物于是都失去它们本来的面目。所谓冷静的客观的态度，就是丢开这副望远镜，让"我"跳到圈子以外，不当作世界里有"我"而去看世界，还是把"我"与类似"我"的一切东西同样看待。这是文艺的观世法，这也是我所学的观世法。我现在常拿看画的方法看一片园林或一座房屋，拿看小说或戏剧的方法看一对男女讲恋爱或是两个老谋深算的人斗手腕。一般人常拿实际人生的态度去看戏，看到曹操奸猾，不觉义愤填胸，本来是台下的旁观者，却跃跃欲试地想跳到台上去，把演曹操的角色杀死。我的方法与此恰恰相反。我本是世界大舞台里的一个演员，却站在台下旁观喝彩。遇着真正的曹操，我也只把他当作扮演曹操的角色看待，是非善恶都不成问题，嗔喜毁誉也大可不必，只觉得他有趣而已。我看自己也是如此，有时猛然发现自己在演小丑，也暗地里冷笑一阵。

有人骂这种态度"颓废""不严肃"。事关性分，我不愿置辩。不过我可以说，我所懂得的最高的严肃只有在超世观世时才经验到，我如果有时颓废，也是因为偶然间失去超世观世的胸襟而斤斤计较自己的利害得失。我不敢说它对于旁人怎样，这种超世观世的态度对于我却是一种救星。它帮助我忘去许多痛苦，容耐许多人所不能容耐的人和事，并且给过我许多生命力，使我勤勤恳恳地做人。

朋友们，我从文艺所得到的如此。各人的性格和经验不一样，我的话也许不能应用到诸位身上去，不过我们所说的句句是体验过来的话，希望可以供诸位参考。

从我怎样学国文说起

我学国文，走过许多纡回的路，受过极旧的和极新的影响。如果用自然科学家解剖形态和穷究发展的方法将这过程作一番检讨，倒是一件很有趣的事情。

我在十五岁左右才进小学，以前所受的都是私塾教育。从六岁起读书，一直到进小学，我没有从过师，我的唯一的老师就是我的父亲。我的祖父做得很好的八股文，父亲处在八股文和经义策论交替的时代。他们读什么书，也就希望我读什么书。应付科举的一套家当委实可怜，四书、五经、纲鉴、《唐宋八大家文选》《古唐诗选》之外就几乎全是闱墨制义。五经之中，我幼时全读的是《书经》《左传》。《诗经》我没有正式地读。家塾里有人常在读，我听了多遍，就能成诵大半。于今我记得最熟的经书，除《论语》外，就是听会的一套《诗经》。我因此想到韵文入人之深，同时，读书用目有时不如用耳。私塾的读书程序是先背诵后讲解。在"开讲"时，我能了解的很少，可是熟读成诵，一句一句地在舌头上滚将下去，还拉一点腔调，在儿童时却是一件乐事。这早年读经的教育我也曾跟着旁人咒骂过，平心而论，其中也不完全无道理。我现在所记得的书大半还是儿时背诵过的，当时虽不甚了了，现在回忆起来，不断地有新领悟，其中意味确是深长。

父亲有些受过学校教育的朋友，教我的方法多少受了新潮流的影响。我"动笔"时，他没有教我做破题起讲，只教我做日记。他先告诉我日间某事可记，并且指出怎样记法，记好了，他随看随改，随时讲给我听。有一次我还记得很清楚，宅旁发现一个古墓，掘出两个瓦瓶，父亲和伯父断定它们是汉朝的古物（他们的考古知识我无从保证），把它们洗干净，供在香炉前的条几上，两人磋商了一整天，做了一篇"古文"的记，用红纸楷书恭写，贴在瓶子上面。伯父提议让我也写一篇，父亲说："他！还早呢。"言下大有鄙夷之意。我当时对于文字起了一种神秘意识，仿佛此事非同小可，同时也渴望有一天能够得上记古瓶。

日记能记到一两百字时，父亲就开始教我做策论经义。当时科举已废除，他还传给我这一套应付科举的把戏，无非是"率由旧章"，以为读书人原就应该弄这一套。现在的读者恐怕对这些名目已很茫然，似有略加解释的必要。所谓"经义"是在经书中挑一两句做题目，就抱着那题目发挥成一篇文章，例如题目是"知耻近乎勇"，你就说明知耻何以近乎勇，"耻"与"勇"须得一番解释，"近乎"两个字更大有文章可做。所谓"策"是在时事中挑一个问题，让你出一个主意，例如题目是"肃清匪患"，你就条陈几个办法，并且详述利弊，显出你有经邦济世的本领。所谓"论"就是议论是非长短，或是评衡人物，刘邦和项羽究竟哪一个高明，或是判断史事，孙权究竟该不该笼络曹操。做这几类文章，你都要说理，所说的尽管是歪理，只要能自圆其说，歪也无妨。翻案文章往往见得独出心裁。这类文章有它们的传统作法。开头要一个帽子，从广泛的大道理说起，逐渐引到本题，发挥一段意思，于是转到一个"或者曰"式的相反的议论，把它驳倒，然后作一个结束。这就是所谓"起承转合"。这类文章没有什么文学价值，人人都知道。但是当作一种写作训练看，它也不是完全无用。在它的窄狭范围内，如果路走得不错，它可以启发思想，它的形式尽管是呆板，它究竟有一个形式。我从十岁左右起到二十岁左右止，前后至少有十年的光阴都费在这种议论文上面。这训练造成我的思想的定型，注定我的写作的命运。我写说理文很容易，有理我都可以说得出，很难说的理我能用很浅的话说出来。这不能不归功于幼年的训练。但是就全盘计算，我自知得不偿失。在应该发展想象的年龄，我的空洞的脑袋被歪曲到抽象的思想工作方面去，结果我的想象力变成极平凡，我把握不住一个有血有肉有光有热的世界，在旁人脑里成为活跃的戏景画境的，在我脑里都化为干枯冷酷的理。我写不出一篇过得去的描写文，就吃亏在这一点。

我自幼就很喜欢读书。家中可读的书很少，而且父亲向来不准我乱翻他的书箱。每逢他不在家，我就偷尝他的禁果。我翻出储同人评选的《史记》《战国策》《国语》、西汉文之类，随便看了几篇，就觉得其中趣味无穷。本来我在读《左传》，可是当作正经功课读的《左传》文章虽好，却远不如自己偷着看的《史记》《战国策》那么引人入胜。像《项羽本纪》那种长文章，我很早就熟读成诵。王应麟的《困学纪闻》也有些地方使我很高兴。父亲没有教我读八股文，可是家里的书大半是八股文，单是祖父手抄的就有好几箱，到无书可读时，连这角落里我也钻了进去。坦白地说，我颇觉得八股文也有它的趣味。它的布置很匀称完整，首尾条理线索很分明，在窄狭范围与固定形式之中，翻来覆去，往往见出作者的匠心。我于今还记得一篇《止子路宿》，写得真惟妙惟肖，入情入理。八股文之外，我还看了一些七杂八拉的东西，试帖诗、《楹联丛话》《广治平略》《事类统论》《历代名臣言行录》《粤匪纪略》，以至于《验方新编》《麻衣相法》《太上感应篇》和牙牌起数用的词。家住在穷乡僻壤，买书甚难。距家二三十里地有一个牛王集，每年清明前后附近几县农人都到此买卖牛马。各种商人都来兜生意，省城书贾也来卖书籍文具。我有一个族兄每年都要到牛王集买一批书回来，他的回来对于我是一个盛典。我羡慕他有去牛王集的自由，尤其是有买书的自由。书买回来了，他很慷慨地借给我看。由于他的慷慨，我读到《饮冰室文集》。这部书对于我启示一个新天地，我开始向往"新学"，我开始为《意大利三杰传》的情绪所感动。作者那一种酣畅淋漓的文章对于那时的青年人真有极大的魔力，此后有好多年我是梁任公先生的热烈的崇拜者。有一次报纸误传他在上海被难，我这个素昧平生的小子在一个偏僻的乡村里为他伤心痛哭了一场。也就从饮冰室的启示，我开始对于小说戏剧发生兴趣。父亲向不准我看小说，家里除一套《三国演义》以外，也别无所有。但是《水浒传》《红楼梦》《琵琶记》《西厢记》几种我终于在族兄处借来偷看过。因为读这些书，我开始注意金圣叹，"才子""情种"之类观念开始在我脑里盘旋。总之，我幼时头脑所装下的书好比一个灰封尘积的荒货摊，大部分是废铜烂铁，中间也夹杂有几件较名贵的古董。由于这早年的习惯，我至今读书不能专心守一个范围，总爱东奔西窜，许多不同的东西令我同样感觉兴趣。

　　我在小学里只住了一学期就跳进中学。中学教育对于我较深的影响是"古文"训练。说来也很奇怪，我是桐城人，祖父和古文家吴挚甫先生有交谊，他所廪保的学生陈剑潭先生做古文也曾享一时盛名，可是我家里从没有染着一丝一毫的古文派风气。科举困人，于此可见一斑。进了中学，我才知道有桐城派古文这么一回事。那时候我的文字已粗清通，年纪在同班中算是很小，特别受国文教员们赏识。学校里做文章的风气确是很盛，考历史、地理可以做文章，考物理、化学也还可以做文章，所以我到处占便宜。教员们希望这小子可以接古文一线之传，鼓励我做，我越做也就越起劲。读品大半选自《古文辞类纂》和《经史百家杂钞》。各种体裁我大半都试作过。那时候我的摹仿性很强，学欧阳修、归有光有时居然学得很像。学古文别无奥诀，只要熟读范作多篇，头脑里甚至筋肉里都浸润下那一套架子，那一套腔调，和那一套用字造句的姿态，等你下笔一摇，那些"骨力""神韵"就自然而然地来了，你就变成一个扶乱手，不由自主地动作起来。桐城派古文曾博得"谬种"的称呼。依我所知，这派文章大道理固然没有，大毛病也不见得很多。它的要求是谨严典雅，它忌讳浮词堆砌，它讲究声音节奏，它着重立言得体。古今中外的上品文章似乎都离不掉这几个条件。它的唯一毛病是就文言文，内容有时不免空洞，以至谨严到干枯，典雅到俗滥。这些都是流弊，作始者并不主张如此。

兴趣既偏向国文，在中学毕业后我就决定升大学入国文系。我很想进北京大学，因为路程远，花费多，家贫无力供给，只好就近进了武昌高等师范学校。在武昌待了一年光景，使我至今还留恋的只有洪山的红菜薹，蛇山的梅花和江边几条大街上的旧书肆。至于学校却使我大失所望，里面国文教员还远不如在中学教我的那些老师。那位地理名家系主任以冬烘学究而兼有海派学者的习气，走的全是左道旁门，一面在灵学会里扶乱请仙，一面在讲台上提倡孔教，讲书一味穿凿附会，黑水变成黑海，流沙便是非洲沙漠。另外还有一位教员讲《孟子》，在每章中都发现一个文章义法，章章不同，这章是"开门见山"，那章是"一针见血"，另一章又是"剥茧抽丝"。一团乌烟瘴气，弄得人啼笑皆非。我从此觉得一个人嫌恶文学上的低级趣味可以比嫌恶仇敌还更深入骨髓。我在武昌却并非毫无所得，我开始发现世间有那么多的书。其次，学校里有文字学一门功课，我规规矩矩地把段玉裁的《许氏说文解字注》从头看到尾，约略窥见清朝小学家们治学的方法。

塞翁失马，因祸可以得福。我到武昌是失着，但是我因此得到被遣送到香港大学的机会。这是我生平一个大转机。假若没有得到那个机会，说不定我现在还是冬烘学究。从那时到现在，二十余年之中，我虽没有完全丢开线装书，大部分工夫却花来学外国文，读外国书。这对于我学中国文，读中国书的影响很大，待下文再说。现在先说一个同样重要的事情，那就是"新文化运动"。大家都知道。这运动是对于传统的文化、伦理、政治、文学各方面的全面攻击。它的鼎盛期正当我在香港读书的年代。那时我是处在怎样一个局面呢？我是旧式教育培养起来的，脑里被旧式教育所灌输的那些固定观念全是新文化运动的攻击目标。好比一个商人，库里藏着多年辛苦积蓄起来的一大堆钞票，方自以为富足，一夜睡过来，满市人都宣传那些钞票全不能兑现，一文不值。你想我心服不心服？尤其是文言文要改成白话文一点于我更有切肤之痛。当时许多遗老遗少都和我处在同样的境遇。他们咒骂过，我也跟着咒骂过。《新青年》发表的吴敬斋的那封信虽不是我写的（天知道那是谁写的，我祝福他的在天之灵！），却大致能表现当时我的感情和情绪。但是我那时正开始研究西方学问。一点浅薄的科学训练使我看出新文化运动是必需的，经过一番剧烈的内心冲突，我终于受了它的洗礼。我放弃了古文，开始做白话文，最初好比放小脚，裹布虽扯开，走起路来始终有些不自在；后来小脚逐渐变成天足，用小脚曾走过路，改用天足特别显得轻快，发现从前小脚走路的训练功夫，也并不算完全白费。

文言白话之争到于今似乎还没有终结，我做过十五年左右的文言文，二十年左右的白话文，就个人经验来说，究竟哪一种比较好呢？把成见撇开，我可以说，文言和白话的分别并不如一般人所想象的那样大。第一，就写作的难易说，文章要做得好都很难，白话也并不比文言容易。第二，就流弊说，文言固然可以空洞俗滥板滞，白话也并非天生地可以免除这些毛病。第三，就表现力说，白话与文言各有所长，如果要写得简练，有含蓄，富于伸缩性，宜于用文言；如果要写得生动，直率，切合于现实生活，宜于用白话。这只是大体说，重要的关键在作者的技巧，两种不同的工具在有能力的作者的手里都可以运用自如。我并没有发现某种思想和感情只有文言可表现，或者只有白话可表现。第四，就写作技巧说，好文章的条件都是一样，第一是要有话说，第二要把话说得好。思想条理必须清楚，情致必须真切，境界必须新鲜，文字必须表现得恰到好处，谨严而生动，简朴不至枯涩，高华不至浮杂。文言文要好须如此，白话文要好也还须如此。话虽如此说，我大体上比较爱写白话。原因很简单，语文的重要功用是传达，传达是作者与读者中间的交际，必须作者说得痛快，读者听得痛快，传达才能收到最大的效果。为作者着想，文言和白话的分别固不大；为读者着想，白话却远比文言方便。不过这里我要补充一句：白话的定义很难下，如果它指大多数人日常所用的语言，它的字和辞都太贫乏，决不够用。较好的白话文都不免要在文言里面借字借词，与日常流行的话语究竟有别。这就是说，白话没有和文言严密分家的可能。本来语文都有历史的赓续性，字与词有部分的新陈代谢，绝无全部的死亡。提倡白话文的人们喜欢说文言是死的，白话是活的。我以为这话语病很大，它使一般青年读者们误信只要会说话就会做文章，对于文字可以不研究，对于旧书可以一概不读，这是为白话文作茧自缚。白话文必须继承文言的遗产，才可以丰富，才可以着土生根。

因为有这个信念，我写白话文，不忌讳在文言中借字借词。我觉得文言文的训练对于写白话文还大有帮助。但是我极力避免用文言文的造句法，和文言文所习用的虚词如"之乎者也"之类。因为文言文有文言文的空气，白话文有白话文的空气，除借字借词之外，文白杂糅很难得和谐。俞伯平诸人的玩艺只可聊备一格，不可以为训。

我对于白话文，除着接收文言文的遗产一个信念以外，还有另一个信念，就是它需要适宜程度的欧化。我从略通外国文学时就考虑怎样采取外国文学风格和文字组织的优点，来替中国文创造一种新风格和新组织。我写白话文，除得力于文言文的底子以外，从外国文字训练中也得到了不少的教训。头一点我要求合逻辑。一番话在未说以前，我必须把思想先弄清楚，自己先明白，才能让读者明白，糊里糊涂地混过去，表面堂皇铿锵，骨子里不知所云或是暗藏矛盾，这个毛病极易犯，我总是小心提防着它。我不敢说中国文人天生有这毛病，不过许多中国文人常犯这毛病却是事实。我知道提防它，是得力于外国文字的训练。我爱好法国人所推崇的明晰。第二点我要求合文法。文法本由习惯造成，各国语文都有它的习惯，就有它的文法。不过我们中国人对于文法向来不大研究，行文还求文从字顺，说话就不免随便。中国文法组织有两个显著的特点。第一是缺乏逻辑性，一句话可以无主词，"虽然""但是"可以连着用。其次缺乏弹性，单句易写，混合句与复合句不易写，西文中含有"关系代名词"的长句无法译成中文，可以为证。我写白话文，常尽量采用西文的文法和语句组织，虽然同时我也顾到中国文字的特性，不要文章露出生吞活剥的痕迹。第二点在造句布局上我很注意声音节奏。我要文字响亮而顺口，流畅而不单调。古文本来就很讲究这一点，不过古文的腔调必须哼才能见出，白话文的腔调哼不出来，必须念出来，所以古文的声音节奏很难应用在白话文里。近代西方文章大半是用白话文，所以它的声音节奏的技巧和道理很可以为我们借鉴。这中间奥妙甚多，粗略地说，字的平仄单复，句的长短骈散，以及它们的错综配合都须得推敲。这事很难，成就距理想总是很远。

我主张中文要有"适宜程度的"欧化，这就是说，欧化须有它的限度，它不应该和本国的文字的特性相差太远。有两种过度的欧化我颇不赞成。第一种是生吞活剥地模仿西文语言组织。这风气倡自鲁迅先生的直译主义。"我遇见他在街上走"变成"我遇见他走在街上"，"园里有一棵树"变成"那里有一棵树在园里”，如此等类的歪曲我以为不必要。第二种是堆砌形容词和形容子句，把一句话拖得冗长臃肿。这在西文里本不是优点，许多作者偏想在这上面卖弄风姿，要显出华丽丰富，他们不知道中文句子负不起那样重载。为了这个问题，我和一位朋友吵过几回嘴。我不反对文字的华丽，但是我不喜欢村妇施朱敷粉，以多为贵。

这牵涉到风格问题，“风格就是人格”。每个作者有他的特性，就有他的特殊风格。所以严格地说，风格不是可模仿的或普遍化的，每个作者如果在文学上能有特殊的成就，他必须成就一种他所独有的风格。但是话虽如此说，他在成就独有的风格的过程中，不能不受外来的影响。他所用的语言是大家所公用的，他所承受的精神遗产来源很久远，他与他的环境的接触影响到他的生活，就能影响到他的文章。他的风格的形成有他的特异点，也有他与许多人的共同点。如果把这共同点叫做类型，我们可以说，一时代的文学有它的类型的风格，一民族的文学也有它的类型的风格，这类型的风格对于个别作家的风格是一个基础。文学需要“学”，原因就在此。像其他人类活动一样，文艺离不开模仿，不模仿而能创造，那是无中生有，不可想象。许多作家的厄运在不学而求创造，也有许多作家的厄运在安心模仿而不求创造。安于模仿，类型的风格于是成为呆板形式，而模仿者只是拿这呆板形式来装腔作势，装腔作势与真正文艺毫无缘分。从历史看，一个类型的风格到了相当时期以后，常易变成呆板形式供人装腔作势，想要它重新具有生命，必须有很大的新的力量来震撼它，滋润它。这新的力量可以从过去另一时代来，如唐朝作家撇开六朝回到两汉，十九世纪欧洲浪漫派撇开假古典时代回到中世纪；也可从另一民族来，如六朝时代接受佛典，英国莎士比亚时代接受意大利的文艺复兴。从整个的中国文学史看，中国文学的类型的风格到了唐宋以后不断地在走下坡路，我们早已到了"文敝"的阶段，个别作家如果株守故辙，虽有大力也无能为力。西方文化的东流，是中国文学复苏的一个好机会。我们这一个时代的人所负的责任真重大，我们不应该错过这机会。我以为中国文学的欧化将来必须逐渐扩大，有语句组织扩大到风格。这事很不容易，有文学天才的人不一定有时间与精力研究西方文学，有时间精力研究西方文学的人也不一定有文学天才。假如我有许多年轻作家的资禀，再加上丰富的生活经验，也许多少可以实现我的愿望。无如天注定了我资禀平凡，注定了我早年受做时文的教育，又注定了我奔波劳碌，不得一刻闲，一切愿望于是成为苦恼。

文学是人格的流露。一个文人先须是一个人，须有学问和经验所逐渐铸就的丰富的精神生活。有了这个基础，他让所见所闻所感所触借文字很本色地流露出来，不装腔，不作势，水到渠成，他就成就了他的独到的风格，世间也只有这种文字才算是上品文字。除着这个基点以外，如果还另有什么资禀使文人成为文人的话，依我想，那就只有两种敏感。一种是对于人生世相的敏感。事事物物的哀乐可以变成自己的哀乐，事事物物的奥妙可以变成自己的奥妙。"一花一世界，一草一精神。"
有了这种境界，自然也就有同情，就有想象，就有澈悟。其次
是对于语言文字的敏感。语言文字是流通到光滑污滥的货币，
可是每个字在每一个地位有它的特殊价值，丝毫增损不得，丝
毫搬动不得。许多人在这上面苟且敷衍，得过且过；对于语言
文字有敏感的人便觉得这是一种罪过，发生嫌憎。只有这种
人才能有所谓"艺术上的良心"，也只有这种人才能真正创造
文学，欣赏文学。诗人济慈说："看一个好句如一个爱人。"在
恋爱中除着恋爱以外，一切都无足轻重；在文艺活动中，除着
字句的恰当选择与安排以外，也一切都无足轻重。在那一刻
中（无论是恋爱或是创作文艺），全世界就只有我所经心的那一
点真实，其余都是虚幻的。在这两种敏感之中，对于文人，更
重要的是第二种。古今有许多哲人和神秘主义的宗教家不愿用
文字泄露他们的敏感，像柏拉图所说的，他们宁愿在诗里过生
活，不愿意写诗。世间也有许多匹夫匹妇在幸运的时会中偶然
发现生死是一件沉痛的事，或是墙角一片阴影是一幅美妙的景
象，可是他们无法用语言文字把心中的感触说出来，或是说得
不是那么一回事。文人的本领不只在见得到，尤其在说得出。
说得出，必须说得"恰到好处"，这需要对于语言文字的敏感。
有这敏感，他才能找到恰好的字，给它一个恰好的安排。

　　人生世相的敏感和语言文字的敏感都大半是天生的，人
力也可培养成几分。我在这两方面得之于天的异常稀薄，然
而我对于人生世相有相当的了悟，运用语言文字也有相当的

把握。虽然是自己达不到的境界，我有时也能欣赏，这大半是
辛苦训练的结果。我从许多哲人和诗人方面借得一副眼睛看世
界，有时能学屈原、杜甫的执着，有时能学庄周、列御寇的徜
徉凌卢，莎士比亚教会我在悲痛中见出庄严，莫里哀教会我在
乖讹丑陋中见出隽妙，陶潜和华兹华斯引我到自然的胜境，近
代小说家引我到人心的曲径幽室。我能感伤也能冷静，能认真
也能超脱。能应俗随时，也能潜藏非尘世的丘壑。文艺的珍贵
的雨露浸润到我的灵魂至深处，我是一个再造过的人，创造主
就是我自己。但是，天！我能再造自己，我不能把接收过来的
世界再造成一世界。莪菲利雅问哈姆雷特读什么，他回答说：
"字，字，字！"我一生都在"字"上做工夫，到现在还只能
用"字"来做这世界里面的日常交易，再造另一世界所需要的
"字"常是没到手就滑了去。圣约翰说："太初有字，字和上帝
在一起，字就是上帝。"我能了解字的权威，可是我常慑服在它
的威权之下。原来它是和上帝在一起的。

精进的程序

　　文学是一种很艰难的艺术，从初学到成家，中间须经过若干步骤，学者必须循序渐进，不可一蹴而就。拿一个比较浅而易见的比喻来讲，作文有如写字。在初学时，笔拿不稳，手腕运用不能自如，所以结体不能端正匀称，用笔不能平实遒劲，字常是歪的，笔锋常是笨拙扭曲的。这可以说是"疵境"。特色是驳杂不稳，纵然一幅之内间或有一两个字写得好，一个字之内间或有一两笔写得好，但就全体看去，毛病很多。每个人写字都不免要经过这个阶段。如果他略有天资，用力勤，多看碑帖笔迹（多临摹，多向书家请教），他对于结体用笔，分行布白，可以学得一些规模法度，手腕运用的比较灵活了，就可以写出无大毛病、看得过去的字。这可以说是"稳境"，特色是平正工稳，合于规模法度，却没有什么精彩，没有什么独创。多数人不把书法当作一种艺术去研究，只把它当作日常应用的工具，就可以到此为止。如果想再进一步，就须再加揣摩，真草隶篆各体都须尝试一下，各时代的碑版帖札须多读多临，然后荟萃各家各体的长处，造成自家所特有的风格，写成的字可以算得艺术作品，或奇或正，或瘦或肥，都可以说得上"美"。这可以说是"醇境"，特色是凝练典雅，极人工之能事，包世臣和康有为所称的"能品""佳品"都属于这一境。但是这仍不是极境，因为它还不能完全脱离"匠"的范围，任何人只要一下功夫，到功夫成熟了，都可以达到。最高的是"化境"，不但字的艺术成熟了，而且胸襟学问的修养也成熟了，成熟的艺术修养与成熟的胸襟学问的修养融成一片，于是字不但可以见出驯熟的手腕，还可以表现高超的人格；悲欢离合的情调，山川风云的姿态，哲学宗教的蕴藉，都可以在无形中流露于字里行间，增加字的韵味。这是包世臣和康有为所称的"神品""妙品"，这种极境只有极少数幸运者才能达到。

作文正如写字。用字像用笔，造句像结体，布局像分行布白。习作就是临摹，读前人的作品有如看碑帖墨迹，进益的程序也可以分"疵""稳""醇""化"四境。这中间有天资和人力两个要素，有不能纯借天资达到的，也有不能纯借人力达到的。人力不可少，否则始终不能达到"稳境"和"醇境"；天资更不可少，否则达到"稳境"和"醇境"有缓有速，"化境"却永远无法望尘。在"稳境"和"醇境"，我们可以纯粹就艺术而言艺术，可以借规模法度作前进的导引；在"化境"，我们就要超出艺术范围而推广到整个人的人格以至整个的宇宙，规模法度有时失其约束的作用，自然和艺术的对峙也不存在。如

　　果举实例来说，在中国文字中，言情文如屈原的《离骚》，陶渊明和杜工部的诗，说理文如庄子的《逍遥游》《齐物论》和《楞严经》，记事文如太史公的《项羽本纪》《货殖传》和《红楼梦》之类作品都可以说是到了"化境"，其余许多名家大半止于"醇境"或是介于"化境"与"醇境"之间，至于"稳境"和"疵境"都无用举例，你我就大概都在这两个境界中徘徊。

　　一个人到了艺术较高的境界，关于艺术的原理法则无用说也无可说；有可说而且需要说的是在"疵境"与"稳境"。从前古文家有奉"义法"为金科玉律的，也有攻击"义法"论调的。在我个人看，拿"义法"来绳"化境"的文字，固近于痴人说梦；如果以为学文艺始终可以不讲"义法"，就未免更误事。记得我有一次和沈尹默先生谈写字，他说："书家和善书者有分别，世间尽管有人不讲规模法度而仍善书，但是没有规模法度就不能成为一个真正的书家。"沈先生自己是"书家"，站在书家的立场他拥护规模法度，可是仍为"善书者"留余地，许他们不要规模法度。这是他的礼貌。我很怀疑"善书者"可以不经过揣摩规模法度的阶段。我个人有一个苦痛的经验。我虽然没有正式下功夫写过字，可是二三十年来没有一天不在执笔乱写，我原来也相信此事可以全凭自己的心裁，苏东坡所谓"我书意造本无法"，但是于今我正式留意书法，才觉得自己的字太恶劣，写过几十年的字，一横还拖不平，一竖还拉不直，还是未脱"疵境"。我的病根就在从头就没有讲一点规模法度，努力把一个字写得四平八稳。我误在忽视基本功夫，只求要一点聪明，卖弄一点笔姿，流露一点风趣。我现在才觉悟"稳境"虽平淡无奇，却极不易做到，而且不经过"稳境"，较高的境界便无从达到。文章的道理也是如此，韩昌黎所谓"醇而后肆"是作文必循的程序。由"疵境"到"稳境"那一个阶段最需要下功夫学规模法度，小心谨慎地把字用得恰当，把句造得通顺，把层次安排得妥帖，我作文比写字所受的训练较结实，至今我还在基本功夫上着意，除非精力不济，注意力松懈时，我必尽力求稳。

稳不能离规模法度。这可分两层说，一是抽象的，一是具体的。抽象的是文法、逻辑以及古文家所谓"义法"，西方人所谓文学理论和文学批评。在这上面再加上一点心理学和修辞学常识，就可以对付了。抽象的原则和理论本身并没有多大功用，它的唯一的功用在帮助我们分析和了解作品。具体的规模法度须在模范作品中去找。文法、逻辑、义法等在具体实例中揣摩，也比较更彰明较著。从前人说："熟读唐诗三百首，不会吟诗也会吟"，语调虽卑，却是经验之谈。为初学说法，模范作品在精不在多，精选熟读透懂，短文数十篇，长著三数种，便已可以作为达到"稳境"的基础。读每篇文字须在命意、用字、造句和布局各方面揣摩；字、句、局三项都有声义两方面，义固重要，声音节奏更不可忽略。既叫做模范，自己下笔时就要如写字临帖一样，亦步亦趋地模仿它。我们不必唱高调轻视模仿，古今大艺术家，据我所知，没有不经过一个模仿阶段的。第一步模仿，可得规模法度，第二步才能集合诸家的长处，加以变化，造成自家所特有的风格。

练习作文，一要不怕模仿，二要不怕修改。多修改，思致愈深入，下笔愈稳妥。自己能看出自己的毛病才算有进步。严格地说，自己要说的话是否从心所欲地说出，只有自己知道，如果有毛病，也只有自己知道最清楚，所以文章请旁人修改不是一件很合理的事。丁敬礼向曹子建说："文之佳恶，吾自得之，后世谁相知定吾文者耶？"杜工部也说："文章千古事，得失寸心知。"大约文章要做得好，必须经过一番只有自己知道的辛苦，同时必有极谨严的艺术良心，肯严厉地批评自己，虽微疵小失，不肯轻易放过，须把它修到无疵可指，才能安心。不过这番话对于未脱"疵境"的作者恐未免是高调。据我的观察，写作训练欠缺者通常有两种毛病：第一是对于命意用字造句布局没有经验，规模法度不清楚，自己的毛病自己不能看出，明明是不通不妥，自己却以为通妥；其次是容易受虚荣心和兴奋热烈时的幻觉支配，对自己不能作客观的冷静批评，仿佛以为在写的时候既很兴高采烈，那作品就一定是杰作，足以自豪。只有良师益友，才可以医治这两种毛病。所以初学作文的人最好能虚心接受旁人的批评，多请比自己高明的人修改。如果修改的人肯仔细指出毛病，说出应修改的理由，那就可以产生更大的益处。作文如写字，养成纯正的手法不易，丢开恶劣的手法更难。孤陋寡闻的人往往辛苦半生，没有摸上正路，到发现自己所走的路不对时，已悔之太晚，想把"先入为主"的恶习丢开，比走回头路还更难更冤枉。良师益友可以及早指点迷途，引上最平正的路，免得浪费精力。

自己须经过一番摩，同时又须有师友指导，一个作者才可以逐渐由"疵境"达到"稳境"。"稳境"是不易达到的境界，却也是平庸的境界。我认识许多前一辈子的人，幼年经过科举的训练，后来借文字"混差事"，对于诗文字画，件件都会，件件都很平稳，可是老是那样四平八稳，没有一点精彩，不是"庸"，就是"俗"，虽是天天在弄那些玩艺，却到老没有进步。他们的毛病在成立了一种定型，便老守着那种定型，不求变化。一稳就定，一定就一成不变，由熟以至于滥，至于滑。要想免去这些毛病，必须由稳境重新尝试另一风格。如果太熟，无妨学生硬；如果太平易，无妨学艰深；如果太偏于阴柔，无妨学阳刚。在这样变化已成风格时，我们很可能地回到另一种"疵境"，再由这种"疵境"进到"熟境"，如此辗转下去，境界才能逐渐扩大，技巧才能逐渐成熟，所谓"醇境"大半都须经过这种"精钢百炼"的功夫才能达到。比如写字，入手习帖的人易于达到"稳境"，可是不易达到很高的境界。稳之后改习唐碑可以更稳，再陆续揣摩六朝碑版和汉隶秦篆以至于金文甲骨文，如果天资人才都没有欠缺，就必定有"大成"的一日。

这一切都是"匠"的范围以内的事，西文所谓"手艺"（craftsmanship）。要达到只有大艺术家所能达到的"化境"，那就还要在人品学问各方面另下一套更重要的功夫。我已经说过，这是不能谈而且也无用谈的。本文只为初学说法，所以陈义不高，只劝人从基本功夫下手，脚踏实地循序渐进地做下去。

旧书之灾

中国文化的特色之一，是印刷业最早兴起而也最盛行。我们略翻阅叶德辉的《书林清话》之类书籍，便可以明白我们的祖先在印书和藏书方面所费的心血和所表现的崇高理想。远者不必说，姑说满清时代，刻书是当时国家文教要事之一。在京师的有武英殿，在各省的有金陵、杭州、成都、武昌、广州各大官书局，都由政府资助，有计划有系统地刻印四部要籍，地方文献多由各当地书局分印，大部头著作一局不能独刻的则由各局合刻。刻书流传文化，是一件风雅的事，官书局之外有许多书籍的爱好者，像阮元、卢文绍、毕沅、鲍廷博、伍崇曜、黎庶昌、王先谦诸人都以私人的力量刻成许多有价值的丛书。当时读书人多，书的需要大，刻书也是一件可谋利的事，官局与私人之外，又有许多书贾翻刻一般销行较广的书籍，晚起的商务印书馆是一个著例。现在，官书局久已停闭了，私人刻书也渐没落了，书贾更不必说。从前许多辛辛苦苦刻成的书版大半已毁坏散佚，偶有存在的也堆在颓垣败壁中，无人过问。

从前，各大都市都有几条街完全是书肆，有钱的去买，无钱的去看，几乎等于图书馆。现在的情形就萧条不堪了，抗战初我到成都，西御龙街和玉带桥一带还完全是书店，到抗战结束那一年我再去逛，这些书店大半都已改为木器铺和小食馆，剩下的几家都在奄奄待毙。从前我在武昌读书的时候，沿江一带旧书店也顶繁荣，去年我经过那里，情形比成都更惨，有些像穷人区，破书和破铜、破铁或是纸烟、花生糖夹杂在一起，显然单靠卖书就不能撑持那破旧的门面了。听说苏州、广州、长沙各地，情形也大相仿佛。我因而联想到伦敦的切宁十字路，巴黎的赛因河畔，以及东京的神田（？）区，我不相信经过这次大战破坏之后，那些著名的书肆区就冷落到这种程度。

中国旧书聚汇的地方当然是北平。经过九年的抗战之后我回了这旧都，看见厂甸和隆福寺的那些书店居然都还存在，而且还是琳琅满目，美不胜收，心里颇为欣慰。可是每一家都如深山古刹，整天不见一个人进来。书贾为维持日常的开销，忍痛廉价出售存货，我花了四万元买了一部海源阁藏的《十三经古注》。二千元买了一部秀野草堂原刊的《范石湖集》，其他可以类推。买过后，我向店主叹了一口气说："如今世界只有两种东西贱，书贱，读书人也贱！"事隔一年，今冬我逛这些旧书店，大半只是"过屠门而大嚼"，书价比去冬要高二十倍了，我买不起了。显然读书人比去年更贱了。书是否真贵了呢？古逸丛书的零卖每册合到两万元，许多明刻本及乾嘉刻本也只要一两万元一册。稀见的书或许稍贵一点。我买最平常的稿纸也要八万元一百页，一册旧书至多就只合到纸价的四分之一，刻工运输储存等等都算不上钱。旧书除研读以外还有一个用途，可以当废纸。当废纸它可以卖到两万元至三万元一斤。许多大部头的书现在是绝对找不到雇主的，像《图书集成》只能卖一千余万元，如当废纸卖，可望加倍。所以，这一年来，许多旧书是当作废纸出卖的。废纸有什么用场呢？一，杂货店可以用来包东西，买花生米拆开纸包一看，往往是宣纸莫刻南监本《五经》的零页；二，废纸可以打成纸浆做"还魂纸"，质料好的印报章，质料坏的作厕所手纸。手纸也要值二三十万元一刀，一刀手纸和二十册左右旧书价值略相等。请想一想看，这情形是多么惨！

想什么！在这科学昌明时代而且是新文化运动时代，旧书本已无用了，活该做手纸！于是我联想起科举初停的时候，我父亲把家里几大箱时文闹墨送到荒地里，亲自掘一个冢，把它们"付之丙丁"，"葬之中野"，我当时幼稚，不免惋惜，父亲说，"它们没有用处了，留着占地方。"现在一般线装书的无用是否等于时文闹墨的无用呢？其中无用的当然不少，可是大部分是中国民族几千年来伟大的历史的成就，哲学思想的结晶，文物典章的碑石，诗文艺术的宝库，于今竟一旦一文不值了么？西方文化发展到现代这样的高潮，荷马、柏拉图、但丁、莎士比亚、康德、歌德、卢梭等一长串的作者并未变成陈腐无用，何以孔子、庄子、屈原、司马迁、陶潜、杜甫、朱熹一类人物就应该突然失去他们的意义呢？

于是我又联想起一些我所知道的藏书家，父祖几代费尽心血搜罗起许多珍善本，到了家庭衰败时，子孙们不知爱惜，把书籍送到灶房里引火，或是称斤出卖去换鸦片烟。就一家来说，这是家风的没落，子孙的不肖。现在我们整个民族也就像败家子了。各都市旧书的厄运很明显地指出两个事实：第一，过去几千年的中国文化已到没落期了，黄帝的子孙对于祖传的精神产业已不知道爱惜了；其次，一般中国人不像欧美人那样以读书为正常的消遣，在读书中寻不到乐趣，没有养成读书的习惯，所以书不行销。

我知道，在这兵荒马乱的年头，拿珍惜旧书来谈，未免"迂阔而远于事情"。但是，如果我们想到秦始皇焚书一事在中国文化史上的意义，那么，目前书灾并不是一件小事。汉兵入咸阳，萧何马上就派人抢救官府的图书，他所做的在当时也似是不急之务。我们要记得，现在各大城市遗留的一点旧书，是在这过去九年空前大劫中所未被敌人毁坏或抢掠的一部分，如果这些再毁于我们自己之手，我们不但对不起祖宗，对不起自己，也对不起人类。纵然目前有许多大家认为比较更紧急的事要做，我仍然认为，抢救旧书亦是一件急不容缓的事。好在这件事只要有人肯做，做起来并不太难。

第一，我向政府建议：在最近三五年中，每年提出约当现值一百亿的款项，这数目实在很微，不过是维持一个国立大学两个月费用的数目——分发各大都市的公立图书馆，或大学图书馆，责成它们就近采购当地旧书。采购的程序，须尽量把大部头书及善本书摆在前面。各图书馆已有的书复制几部也无妨，反正这批新购书是国家的产业，现在造册刊目代存，将来可以由国家分发以后陆续成立的新图书馆。

第二，我向有资产的私人建议：抢救旧书是一件有功德的事，他们应该尽他们的力量设法采购，供自己研读，传给子孙，或是捐赠给学校或图书馆，都无不可。或是再说得低调一点，他们把这件事当作投资，将来到了承平时代，再拿出来出售，也还是不会亏本的。

第三，我向各地旧书店建议：他们这些年来在艰苦中挣扎，值得我们同情，他们流传书籍，所做的仍是文化事业，千万不能把旧书卖去做还魂纸。从生意立场说，许多小门面分立互竞，是他们的致命伤。他们应化零为整，组成合股公司，消耗较小，维持也就较易。

图书在版编目（CIP）数据

好书不厌百回读：朱光潜谈读书 / 朱光潜著 . --
北京：中国文史出版社，2021.11
ISBN 978-7-5205-3204-4

Ⅰ . ①好… Ⅱ . ①朱… Ⅲ . ①读书笔记—中国—现代
Ⅳ . ① G792

中国版本图书馆 CIP 数据核字（2021）第 202341 号

出 品 人：刘未鸣　段　敏
责任编辑：张春霞

出版发行：中国文史出版社
社　　址：北京市海淀区西八里庄路 69 号院　邮编：100142
电　　话：010-81136606　81136602　81136603（发行部）
传　　真：010-81136655
印　　装：北京新华印刷有限公司
经　　销：全国新华书店
开　　本：700mm×1000mm　1/32
印　　张：9.25
字　　数：184 千字
版　　次：2022 年 4 月第 1 版
印　　次：2022 年 4 月第 1 次印刷
定　　价：59.80 元